成法

〔日〕稻盛和夫 著述

稻盛资料馆 整理

叶瑜 译

曹寓刚 审校

稻盛和夫
魂の言葉108

浙江人民出版社

图书在版编目（CIP）数据

成法 / （日）稻盛和夫著述；稻盛资料馆整理；叶瑜译. —杭州：浙江人民出版社，2020.11（2020.11重印）

ISBN 978-7-213-09845-1

Ⅰ.①成… Ⅱ.①稻… ②稻… ③叶… Ⅲ.①语录—汇编—日本 Ⅳ.①H363.3

中国版本图书馆CIP数据核字（2020）第171108号

浙江省版权局
著作权合同登记章
图字：11-2020-060号

成法

CHENG FA

［日］稻盛和夫　著述　稻盛资料馆　整理　叶瑜　译

出版发行　浙江人民出版社（杭州市体育场路347号　邮编310006）
责任编辑　钱　丛
责任校对　姚建国
装帧设计　VIOLET
电脑制版　书情文化
印　　刷　河北鹏润印刷有限公司
开　　本　880毫米×1230毫米　1/32
印　　张　9.25
字　　数　162千字
插　　页　2
版　　次　2020年11月第1版
印　　次　2020年11月第2次印刷
书　　号　ISBN 978-7-213-09845-1
定　　价　55.00元

如发现图书质量问题，可联系调换。质量投诉电话：010-82069336

导读——思想的升维

古往今来，无数先贤留下了精彩纷呈、扣人心弦的动人语言。然而，除了字面意思，先贤们想用语言和文字表达的，还有用文字所承载的思想体系及其内在逻辑。相对于字面意思，真正重要的是后者。离开思想体系和逻辑模型去理解只言片语，难免会流于表面而忽略内涵，无法系统性地加以认知，也就难以理解言者的本意。

所以，如果想真正理解稻盛先生直击灵魂的语言，就必须对其背后的整个思想体系有整体性的理解。只有理解了整个思想框架和其中的逻辑关系，才能正确理解本书中每一句话的真意，才能对我们的人生真正有所助益。

企业家、哲学家、宗教家、慈善家、教育家等，外界给予稻盛先生很多的头衔。稻盛先生的人生完全称得上是"立功、立德、立言三不朽"。可以说，在企业经营领域，他到达了前人未曾企及的高度。同时，他的人生以艰难困苦开始，最终走向光辉圆满。不仅如此，时至今日，全球还有将近两万名企业家追随他，向他学习。然而，正如稻盛先生自己所言，无论是人生的幸福美满，还是企业经营的持续成功，一切都来源于他所倡导和实践的哲学思想，只要认真学习、实践这种思想，任何人都能拥有幸福美好的人生。

实质上，稻盛先生所构建的利他哲学体系，不仅仅是一般意义上的卓越思想，相对于当下人类商业社会的主流思想而言，还可以说在维度上实现了升级。

自现代企业诞生以来，人类社会步入了商业大发展、大繁荣的时代。自亚当·斯密在《国富论》中提出"经济人假设"的概念以来，这一概念及其背后的逻辑实质上就成为现代企业这一组织形式的运行基础，同时也成为整个资本主义社会的运行基础。

所谓"经济人假设"，指的是社会中的每个人都是理性而自私的，每个人都追求自身利益的最大化。也就是说，追求自身利益最大化这一动机，即这个"利己的判断基准"决定每个人的一切行为。这一假设的背后，实际上就是西方文化中对于人性的基本认知，即"人性本恶"。

尽管后人对"经济人假设"提出了种种疑问和修正，但并没有使其发生根本性变革，也没有妨碍其成为整个西方现代社会和现代企业运行的底层逻辑。

无论是政治层面的三权分立、多党竞争的民主制度，还是社会层面以诉讼为主要手段的社会纠纷解决机制，抑或是企业管理层面以劳资对立为特征的企业治理模式，以及由此衍生出的种种企业管理的理论和方法，无一不是建立在这个"经济人假设"的基础之上的。正如稻盛先生所言，"构建现代文明的动机是人的欲望"。

由于完全的利己无法适用于人类社会，所以，在主观利己的逻辑前提下，通过整体架构的设计、规则的构建、利害关系方的博弈等方法，让这些主观利己的人，通过利己的行为，在客观上达成某种利他的效应。这种主观上以"利己"，也就是"自利"为核心，通过多元对抗或制衡，在客观上实现"利他"，求得自我与他人的某种利益平衡的逻辑模型，可称为"自利利他"的逻辑模型。这种逻辑模型以"自利"也就是"利己"为第一驱动力，而"利他"不过是为"利己"服务的手段而已。

应该说，这一思想模型确实具有很强的建设性，西方现代社会就运行于这一思想模型的基础之上，东方现代社会也受到其巨大的影响。甚至可以说，整个人类的现代社会就运行在这一基础的逻辑模型之上。

但是，这种以自我为中心的"自利利他"的逻辑模型有一个根本性的弱点。由于其整体平衡必须通过多元对抗或博弈来获得，而在对抗和制衡的过程中会产生大量内耗，从而导致其效率极大地降低。所以，在基于这种逻辑模型构建的社会中，要维持整个体系的运行，就必须有大量的外源性输入。从西方文明的鼻祖、古希腊城邦雅典开始，民主制度就必须运行在奴隶制，也就是对奴隶残酷剥削的基础之上。到了现代议会民主制的典范英国，则要通过奴隶贸易、侵占殖民地，甚至搞鸦片战争等方式从外部获得输入。而到了当今号称民主国家典范的美国，高科技、铸币权、军事霸权、能源控制、文化影响力等就成了获取外部输入的关键手段。

然而，奴隶制消失了，殖民地独立了，市场经济普及了，互联网联通了整个世界，发展中国家全方位地参与到了全球经济的大竞争中。于是，传统逻辑模型的内在矛盾及其带来的非效率性开始逐渐显露，运行在"自利利他"这一传统逻辑模型之上的西方社会开始走向衰退。

在企业经营领域，这种传统的逻辑模型同样带来了以劳资对立为代表的多元对抗和博弈的格局。

西方认为，企业存在的根本目的是实现股东利益的最大化。所以创办和运营企业都是为了这一"利己"的目的。在这种逻辑模型下，劳资双方追求的都是自身利益的最大化，也就是"自利"。双方展开博弈，根据实力对比在一定时期内达成相应契约，形成双方都能接受的、在客观上相对"利他"的平衡。然而，由于劳资双方的目标始终是相反的，导致其利益也始终是对立的，一旦环境或实力对比发生变化，双方就会重新展开斗争和博弈。也就是说，劳资双方无法团结协作。

所以，在这种逻辑模型下，尽管身在同一家企业，劳资双方却在目标和利益上尖锐对立，不断展开各种斗争和博弈。管理层将支付给员工的工资、奖金等仅仅视为费用，将裁员视作一种日常的经营手段，为了实现股东及自身的短期利益，经常性地进行裁员，而这种裁员造成之前积累的经验和技术等无形资产的流失，实际上从根本上损害了企业的长期竞争力。另外，工会则将工会斗争和罢工等手段视作提高劳动者利益的必要手段，经常性地发起罢工或怠工，机械性地对抗资方，这又在现实层面损害了企业的整体利益，进而损害劳资双方的利益。

而且，这种对立不仅反映在博弈和斗争上，也反映在收入分配和福利制度等其他方面。在西方企业，管理层通过各种包括裁员在内的短期行为提升股价司空见惯，高阶职业经理人的收入动辄高达普通员工的数十倍、上百倍，乃至上千倍。

以自我为中心的逻辑模型导致了以自我为中心的制度安排，进而导致劳资双方的关系停留在极为肤浅的层面，双方根本无法形成"同志"的关系，这使得企业中的人际关系始终处于飘摇之中，企业运营也就始终处于动荡之中。

所以，基于这种以利己为核心的"自利利他"的逻辑模型，企业经营实际上陷入了一个悖论，即企业存在的目的是实现股东利益的最大化，为了实现这个目的，资方必然穷尽一切手段争取自身的最大利益，但劳方利益又会因此受到损害，进而激发劳方展开斗争和博弈。劳资之间的对立和博弈，导致双方出现大量具有破坏性的短期行为，在整体上阻碍了企业的长期发展，损害了企业的利益。最后，这种局面也根本无法帮助企业的股东实现最大利益。

事实上，早在第二次世界大战后的复兴期，日本企业就已经历了基于"自利利他"这一逻辑模型而产生的劳资双方的尖锐对立。无论是在松风工业工作的时期，还是京瓷的初创时期，稻盛先生都身在其中，深感切肤之痛。

所以，在创办京瓷的第三年发生的劳资斗争，让稻盛先生痛定思痛，将京瓷的经营理念从"让自己的技术发扬光大"改为本书所引用的内容，即"在追求全体员工物质和精神两方面的幸福的同时，为人类、社会的进步发展做贡献"。也就是说，公司存在的目的和意义发生了根本性的改变。"让自己的技术发扬光大"这个目的，虽然听上去比西方企业的"追求股东利益的最大化"要冠冕堂皇一点，但终究是为了实现企业经营者的个人抱负，归根到底是利己的。而"追求全体员工物质和精神两方面的幸福""为人类、社会的进步发展做贡献"，指向的是利员工和社会，而非利股东和经营者，从本质上而言是利他的。

正如本书引用的稻盛先生的语言中所表达的那样，"大义和志向不同，志向包含了自己的个人目标。所谓大义，不是利己，而是在自身之外寻求重大意义"。这个经营理念的确立，让京瓷的公司理念从稻盛先生个人的"志向"，变成了追求员工和社会大众幸福的"大义"。也就是说，公司存在的目的从"利己"变成了"利他"。

从此，这一经营理念成为京瓷这个企业一切经营行为的基础。在京瓷公司，上到整个经营体系，下到具体的工作方法，可以说完全服从于"利他"这一理念。也就是说，京瓷这家公司经营思想出现了升维，企业成长发展的逻辑模型、因果关系发生了根本性的变革。在这里，"利他"成为一切的原因，成为"第一推动力"，成为一切商业活动的起点和终点。

可以说，这种基础逻辑模型的巨大变革就是思想的升维，这种维度的提升把稻盛先生和京瓷的全体员工从谋求个人私利私欲的桎梏中解放出来，深度调动并极大地释放了个人和组织的"利他心"，产生了巨大的能量。这种思想的升维随即带来的是以利他思想为指引的行动的升维和体系的升维。也就是说，无论是稻盛先生本人，还是京瓷这家企业，从个人行为到组织行为乃至整个经营体系，都服从于"利他"这一哲学理念。由此，京瓷这家风雨飘摇的、以陶土为原材料的街道小厂开始从全球企业中超拔而出，成长为后来的世界五百强。直至今日，它仍然是一家极为优秀的公司，增长率和利润率常年保持在 10% 左右，保持着从未亏损的纪录。

稻盛先生领导过包括京瓷在内的三家全球顶级企业。无论是京瓷，还是后来的 KDDI 和日本航空公司，这三家企业的经营都达成了令人惊叹的成果。同时，其经营理念在内容上都极为相似，前半段均指向利员工，后半段则指向利社会。也就是说，这些理念都是利他的。然而，从结果来看，这些指向利他的理念，在利员工和利社会的同时，实际上也是真正利客户、利股东和经营者的，是一个"利他自利"的良性循环。

我们仔细观察稻盛先生引领这三家企业走向辉煌的过程就会发现，其间充满了常人难以想象的艰难险阻。然而，稻盛先生却在利他思想的指引下，带领员工们克服重重困难，接二连三地取得了奇迹般的成功。

稻盛先生经常引用 20 世纪初期的英国哲学家詹姆斯·艾伦的一段话："心地肮脏的人因为害怕失败而不敢涉足的领域，心灵纯洁的人随意踏入就能轻易获胜。"

实质上，这段话所描述的，正是思想升维所带来的结果。当个人或组织以纯粹的利他之心作为判断一切的基准，就能摆脱私利私欲的桎梏，就能站到更高的维度来观察、思考、发起行动，甚至预测结果。

所以，在本书中你可以看到稻盛先生的语言，"我坚信，只要动机是善的，行动的过程是善的，就不必追问结果，因为结果必定成功"。利他思想使得稻盛先生能够站到更高的维度，在事业开始之前，就能预见结果。

所谓"利他"，就是中国民间传统所讲的"善"，儒家讲的"仁"，基督教讲的"爱"，佛教讲的"慈悲"，就是阳明思想中的

"致良知"，就是稻盛先生的座右铭"敬天爱人"，就是中国共产党的宗旨"为人民服务"。

只有在以"利他"为核心的逻辑模型下，企业存在的目的和意义才可能指向员工和社会大众的幸福，才可能开展稻盛先生倡导的"大家族主义经营"，才能持续凝聚所有员工的心，系统性地深度调动所有相关人员的利他心，发挥出所有人人性中光辉、美好、强大的一面。这样做的结果，不仅能让对方变得更好，让事业顺利进展，同时也会让自身越来越好。

正如稻盛先生所言："在企业经营的世界里，当我们强调'利他之心很重要'时，一定会冒出批判和反驳的声音：在严酷的商业社会里，靠'利他''关爱之心'之类的东西，能经营好企业吗？然而，正因为是激烈竞争的商业世界，所以'体谅他人之心'，也就是利他之心，才特别重要。这是因为，以利他之心发起的行动，早晚会结出善果，并返回到自己身上。"从这个意义上来说，本书书名《成法》道出了稻盛先生的"成事之法"，即心怀强烈而纯粹的利他愿望，以燃烧般的热情，持续付出不亚于任何人的努力，就能将不可能变为可能，最终成就伟业。

从"利己"到"自利利他"，再到"利他自利"，然后在实践中体验"忘我利他"，最后走向"无我利他"。稻盛先生在当今这个以"利己"为核心的时代，构建了全新的逻辑模型，实现了思想的升维。这不仅使得他本人从一介凡夫超拔而出，成为导师和领袖，带领员工取得了前无古人的商业成就，帮助无数人走上了幸福人生之路，而且稻盛先生自己的人生也在这个"利他"的过程中变得光辉灿烂，幸福圆满。

本书的五章各有侧重。第一章的内容是度过美好人生的活法，阐述的是以积极的态度面对人生、全身心投入工作等内容。第二章的内容是成就事业的原理原则，强调了愿望的力量。第三章的重点是思维方式，即应该如何思考命运、人生和工作。第四章侧重于阐述应该以怎样的态度面对成功与失败。第五章着重于讲述如何磨炼心性。但是，从头至尾贯穿其间的，都是"利他"这一哲学理念。可以说，本书的全部内容都是基于"利他自利"这一与商业社会主流思潮截然相反的逻辑模型。只有理解了这个逻辑模型，我们才能真正理解稻盛先生所阐述的语言的真谛。

感谢磨铁图书引进稻盛和夫的作品，感谢浙江人民出版社出版此书，感谢盛和塾的各位同人为实践和推动利他哲学所付出的努力，更要感谢稻盛塾长本人数十年如一日、了无私心的言传身教。衷心祝愿本书的每一位读者，都能通过阅读本书，理解稻盛先生的思想体系，接收到他通过语言文字传递的能量，用于自己的工作和生活，从而实现事业的成功，走向幸福的人生。

曹寓刚

2020 年 7 月 29 日

于中国上海

序

自 1959 年起，我先是成立了京瓷株式会社这一精密陶瓷零部件制造企业，后来又从事通信公司 KDDI，以及航空公司日本航空（JAL）的经营工作，带领三家企业实现了成长与发展。

取得这种经营成就的根基，就在于我所秉持的活法、干法及思维方式。社会上有呼声，希望能对其进行了解。于是，在出版社的邀请之下，我有幸得到了许多出版个人作品的机会。在这些作品中，我阐述了自己在追问"作为人，何谓正确"的过程中，在以极度认真的态度面对人生、面对企业经营的过程中所体悟到的实践哲学。很幸运，以经营者和管理人员为代表的广大读者对这些内容给予了认可，还有很多人表示"深受启发"。

前年，宝岛出版社提出，希望从迄今为止我所阐述的内容中抽选精华，献给更多的读者，尤其是年轻的读者。

现在的年轻人成长在所谓"失去的 20 年"这一闭塞感的环

境中。或许是因为这个，他们不仅对自己的将来感到迷惘，而且对日本的将来也感到惴惴不安。有的人年纪轻轻便走上了轻生之路，有的人则成为"啃老族"，而且这样的现象还呈现出上升的态势。

所以，我接受了出版社的建议，希望用自己的经验，以及自己对于人生和工作的思考，给在人生中迷茫踟蹰的年轻人一些支持与帮助。

为了向年轻人正确表达我的真意，本书以事例和照片相互穿插的方式，用通俗易懂、娓娓道来的语言对我阐述的内容加以解说，其中有些照片之前从未公开。我认为，本书能从一个新的视角，更为平易近人地诠释我的思想。

回首过去，我的一生充满了坎坷与波折。小升初时考试落榜，沮丧之时偏偏又染上肺结核。家里的房子在战时的空袭中被付之一炬，家里的生意也被迫中止。考大学时，无法升入理想的学校，毕业后好不容易找到了工作，进入的却又是一家濒临破产的企业。

虽然到那时为止，我的青春时代可以说是诸事不顺，挫折连连。但在那之后，凭着对人生怀抱的光明希望，凭着锲而不舍的拼命努力，我的人生道路终于越走越宽。

我从内心祈愿，肩负未来的年轻一代能够阅读本书，将其作为实现美好人生的实践指南。

稻盛和夫

2018 年 7 月

本书为了以通俗易懂的语言表述稻盛和夫先生的名言，在稻盛资料馆协助编辑整理下，特由宝岛社编辑部对稻盛先生的思维方式及人生观做出了诠释。

目　录

第 二 章

原 理 原 则

第一章

活法

生き方

001

真正的人生

能够把考验看作机会的人——只有这样的人，才能在有限的人生中让自己的生命绽放光彩。

《**活法**》（ SUNMARK 出版社 ）

让人生充实美好的活法

人为什么活着？人生是有目的吗？

在日常工作和生活中，我们有时可能会不知不觉地停下脚步，想到上述这样的问题。因工作过于忙碌而逐渐迷失自我时，或遭遇困难而恨不得将一切都抛诸脑后时，我们往往倾向于选择最轻松的道路。被贪图安逸的欲望所迷惑，可以说是人这一动物的本性。人总是倾向于避难就易，一旦放纵自身，便会贪图财产、地位、名誉，沉溺于享受之中。

地位、名誉的确能为人生提供能量，但也不过如此，它们都属于现世之物，没有一个能被带往彼岸。

那么，唯一不灭的是什么？

稻盛先生说，那就是"灵魂"。对于稻盛先生而言，"人为什么活着"这一问题的答案，就是"在离世之时，灵魂比降生之时稍稍纯粹一点"，"哪怕只有一点点也好，带着稍稍美好、稍稍崇高的灵魂迎接死亡"。

人生在世，苦多于乐。正因如此，将人生中的苦难看作磨炼灵魂的考验，这样的思想才至关重要。

什么才是正确的？在无法确定未来、一切都变幻莫测的现代社会，最关键的就应该是对"活法"的追问。直面"人为什么活着"这一根本问题，找到"哲学"这一人生指针，是生存在当今这个混沌时代所必不可少的。将世间的磨难看作考验，将其视为磨炼自身灵魂的大好机会。我们需要如此思考人生的目的和意义，每天持续不断地自我训练。这才是使一个人的人生变得更为充实美好的"活法"。

稻盛先生创办京瓷株式会社的前身——京都陶瓷株式会社时，其最初的客户是松下电器产业公司（现在的 Panasonic）。当时，由于电视机的需求量增大，松下公司发来了大量用于电视机生产的镁橄榄石陶瓷零部件订单。当时京都陶瓷公司刚成立不久，设备和人手都十分有限，但员工们团结一心、夜以继日、艰苦奋战，终于使产品步入量产正轨。稻盛先生也曾经回忆："正是因为松下公司的关照，京瓷才得以顺利起步。"（摘自《干法》）但是，据说松下公司的订单，无论是在价格、品质上，还

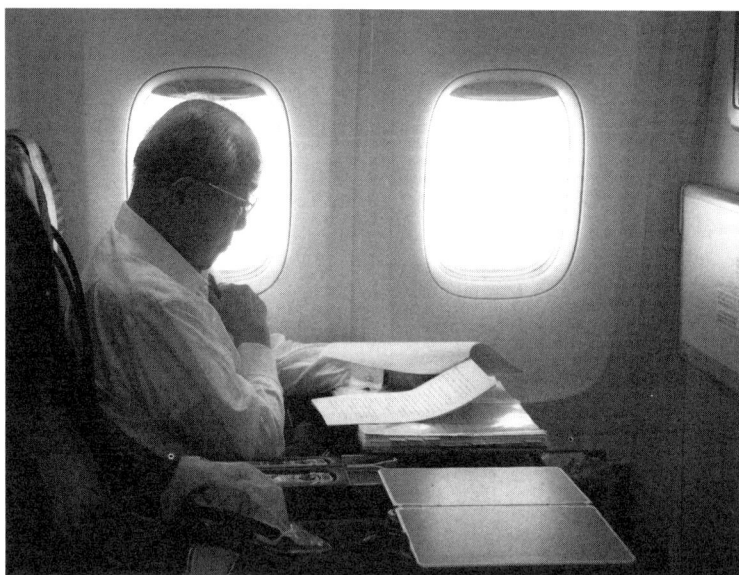

在飞机上全神贯注阅读稿件的稻盛先生（供图：稻盛资料馆）

是交货期上，要求都十分苛刻。

然而，稻盛先生却将这些辛苦和困难看作"考验"，反而非常感谢松下公司，因为"松下公司锻炼了我们"。鉴于自己的企业刚刚起步，他将来自客户的苛刻要求当作锻炼和钻研改善的机会。他的这一心态此后也从未改变。

这样的心态在以后发挥了巨大的作用。京瓷后来获得美国西海岸半导体企业的订单，和美国的同行相比，无论是在品质上，还是在价格上，京瓷的产品都处于遥遥领先的位置。

一个人在面对磨难时，倘若只知抱怨，不事努力，人生将就此止步。必须将现世视作提高心性、磨炼灵魂的修行道场。秉持这样的"活法"，其结果会反映在这个人的"人生与工作的结果"上。

002

"极度认真"地活着

必须"极度认真"地活好每一天。

《**活法**》（SUNMARK 出版社）

使人生好转的秘诀就是"极度认真"

前面我们阐述过，工作就是修行，就是磨炼灵魂。工作，最重要的是每日的积累。人生非同儿戏，要做成事情绝非一朝一夕之功。正因如此，如何过好每一天就变得尤为重要。

1955 年（昭和三十年），稻盛先生大学毕业后，经大学恩师推荐，进入京都一家名为"松风工业"的绝缘瓷瓶制造公司工作。该公司成立于 1906 年（明治三十九年），创始人是松风嘉定，是一家颇有历史的企业。它是日本第一家生产高压绝缘瓷瓶的厂家，曾一时风头无两，超过了当时的日本碍子公司（现日本NGK）。

但是，在稻盛先生入职时，这家公司已经没落，工资迟发如家常便饭，企业随时都可能破产。

据说，稻盛先生和其他同期进公司的人对公司满腹抱怨，成天凑在一起发牢骚。接着，其他人相继辞职，最后，同届入职的员工中只剩下了稻盛先生和另外一人。他们也对公司心灰意冷，两人一合计，一起报考了自卫队后备军官学校，并顺利通过考试。入学需要户口本副本，于是稻盛先生写信回鹿儿岛老家索取。然而，他日夜翘首企盼，户口本副本却迟迟没有送来。结果，同届入职的新员工中，只有稻盛一个人孤零零地被迫留了下来。

稻盛先生的户口本副本迟迟没有送来的原因是，稻盛先生的哥哥认为："家里千辛万苦地供他读大学，他还是在大学老师的举荐下才好不容易进的这家公司，却连半年都待不住，真是太没出息了。"于是，他就没有理会稻盛先生的来信。这时，进退维谷的稻盛先生"反倒想开了"。抱怨也没有用，自己辞职有什么大义名分吗？如果只是因为心怀不满而辞职，今后的人生也必然不会顺利——稻盛先生改变心态，下决心全身心投入工作。他把锅碗瓢盆都搬进了研究室，每日从早到晚埋头做实验。

这成了稻盛先生"人生的转机"。他集中精力、全心全意地投入眼前的工作，日复一日地埋头苦干。这个时候，刚走出大学、步入社会的稻盛先生，第一次真心诚意地直面自己的工作。

随后，不可思议的事发生了，工作变得顺利起来，好的成果开始出现。稻盛先生因此得到了上级和同事越来越多的夸奖，对工作的兴趣也越发浓厚，因此更加努力，从而又做出了好成绩。

在不知不觉中，"想要辞职""我的人生将何去何从"之类的负面情绪和疑问全都不可思议地烟消云散了。

在对前途感到不安、对现状感到不满之际，我们不应该抑郁消沉，而应该以"极度认真"的态度面对每一天，这一点非常重要。

越是"极度认真"地投入工作或学习，人生就会越快好转。稻盛先生以亲身经历体验到，仅有"认真"是不够的。

只有达到了"极度"认真的程度，我们才能下定决心，绝不虚度仅有一次的人生。

只有坚持这种愚直的人生态度，人才能抓住改变自己一生的机遇。

"松风工业"时代，稻盛先生在宿舍（供图：稻盛资料馆）

003

看透因果

自己撒下的种子，必定会在自己身上开花结果。

《**活法**》(SUNMARK 出版社)

命运由心而变

"因果报应"虽然是佛教用语，但揭示的是事物的原因和结果之间的明确关联。换句话说，这个世界上的所有事情之所以发生，都必有其原因。

稻盛先生的前半生可谓坎坷不断：小升初考试落榜，第二年复考依然落榜，后来虽然好不容易上了中学，却未能在大学升学考试中考取心仪的学校。毕业找工作时，他也是屡屡碰壁，最后在恩师的推荐下好不容易入职的公司，却是一家濒临破产的企业。而且，在读国民学校高等科时，他还患上了肺结核。

稻盛先生的叔叔也因结核病早早撒手人寰。

年少的稻盛每次经过叔叔疗养的小屋时，由于怕被传染，总是捂着鼻子跑步通过。因为他借阅过医学书籍，知道结核病菌能够通过空气传播致人感染。但是，在即将通过叔叔的小屋门前时，他往往因为憋不住气而松开手，反而导致深吸气。

稻盛先生的哥哥对此却毫不在意，认为"哪有这么容易传染上"，照顾叔叔的父亲也不以为意。到后来却只有最小心翼翼的稻盛先生染上了结核病。

稻盛先生对自己的这段经历做了如下反省：

过度在意疾病，唯恐避之不及的脆弱心态反倒引来了灾祸。相反，不顾染上结核病的危险、悉心照顾自己弟弟的父亲因为满怀大爱及高贵的献身精神，反而让病菌无法沾染。

虽说人生既有巅峰亦有低谷，但不论波峰浪谷，成败福祸，都是自己的心态所招致的。

前面也提到过，稻盛先生经由恩师推荐进入的公司是一家濒临破产的企业，当他发现这一点后，干了不到半年就曾考虑辞职。但是，当他转变自己的心态，拼命地过好每一天时，充满挫折的人生便开始出现了转机。

这告诉我们一个道理：人的命运并非全都早已注定，而是会因人的意念而变好或变坏。

命运是可以被改变的，一切都在于我们的意志和心态。人生是由我们自己所创造出来的。

中国古代经典《孟子·尽心》中有言："夭寿不贰，修身以

在会谈中确认资料的稻盛先生（供图：稻盛资料馆）

俟之，所以立命也。"这句话的意思是"人有年轻早逝者，也有长寿者，这一切取决于天命。正因如此，在活着的时候努力修身养性，等待天命，这是成全人之本分的方法"。在同一章节中还有一句话："存其心，养其性，所以事天也。"指的是"锤炼、滋养自己的心灵，以通天命"。

仅凭一个信念，命运便能改变，孟子称之为"立命"。无论降临的是祸是福，都是由自己的心召唤而来的。命运可以被极大地改变，而这取决于人的心态和人生态度。

004

无限的可能

人的能力是无限的。

《**活法**》（SUNMARK 出版社）

2014年，稻盛先生接受采访（供图：稻盛资料馆）

不要轻易认为"做不到"

当面前出现超越自身能力的困难或课题时，我们是否会在动手做之前就认为"那是不可能的"，从而灰心放弃？

譬如，在工作上，我们接到了一个远远超过自身技术水平的需求，"我们的能力达不到对方的要求，还是拒绝这个任务吧"，这样的判断正确吗？

说得好听些，这似乎是对自身能力的冷静判断。但是，按照这样的想法，人永远无法成长。说得难听一点，这其实是满足于现状的说法。

1966 年（昭和四十一年），京瓷株式会社（当时的京都陶瓷株式会社）在与德国的代表性企业卢臣泰公司和德格萨公司同场竞标的情况下，成功获得了 IBM 公司 2500 万个 IC 叠层电路基板的订单，全体员工欣喜若狂。然而没高兴多久，他们就发现 IBM 的产品规格苛刻得叫人难以置信，不论试制多少次，陶瓷部件都会翘曲。在当时，一般的生产规格书只是一张图纸，但 IBM 的规格书却是厚厚的一本书，要求细之又细。按照当时京瓷株式会社的技术能力，能否应付这样的要求的确是一个问题。据说稻盛先生自己也曾数次动摇，觉得按照公司当时的技术能力，恐怕不可能完成这个任务。

但是，对当时尚名不见经传的中小企业京瓷而言，这是个千载难逢的良机。稻盛先生换了个视角，将这次磨难当作提高自己公司技术能力、扬名立万的好机会，于是全力以赴地拼命努力，并鞭策员工们，将公司所有的技术全部倾注在这个产品上。在接到订单的第二个月，稻盛先生就任社长，他干脆住进滋贺工厂宿舍，通宵达旦，连续作业。但是，产品的试制仍不顺利。即便想方设法做出的符合规格的产品，也屡次被客户判定为不良品而退回厂里。

于是，他们更加投入，付出了用语言难以形容的努力，终于成功地研发出了满足 IBM 苛刻要求的产品，并成功投入量产，赶在交货期之前完成订单，顺利交货。

即便是看似高不可攀的目标，只要心怀"人的能力是无限的"这一强烈的信念，以无与伦比的热情，专心致志、不遗余力地付出努力，人的能力就会得到提升。

005

相信潜力

未来的自己应该可以做到——要用"将来进行时"思考问题。要相信我们潜藏着还没有发挥出来的巨大力量。

《**活法**》（SUNMARK 出版社）

心想事成

前面提到，京瓷公司成功地拿到并交付了 IBM 的订单这一原本被认为是不可能的任务，实现了业绩的提升。京瓷公司就是这样一家公司，从创业时起，就勇于接受其他公司因"做不到"而拒绝的订单。他们这么做，绝非一开始便拥有出众的技术，而是因为作为新创办的中小企业，唯有这么做，才能找到生存之路。

平时，我们在工作中难免会从客户那里接到一些困难的、有时甚至是不合理的要求。这时，如果我们说"做不到"，那么一切将到此为止，和对方的关系也会就此结束。拒绝是容易的，但不断拒绝，最终将被视作无能之辈。如果一家企业的员工尽是这样碌碌无为之辈，又谈何经营。

然而，一旦回答"做得到"，就必须拿出结果，否则就不会

1959年，稻盛先生（最后一排左六）和京都陶瓷的创业伙伴在一起（供图：稻盛资料馆）

有下一次机会。要想方设法将"做得到"的"谎言"变为现实。把"不可能"变为"可能"，最关键的就是持续付出彻彻底底的努力，直到实际"做到"为止。不是随随便便的努力，而是彻底投入，直到"做到"为止。

人的能力不是一成不变的，而是付出了多少努力，就有多大成长。因此，不要以现有能力作为标尺进行衡量，而要用"未来进行时"思考，这一点十分重要。人的能力是能随着时间不断提升的，要清晰地看准未来的某一点，即应该达到的目标，毫不吝啬地持续付出不亚于任何人的努力。用"未来进行时"看待自身能力，这一姿态乃至人生态度，可以说是实现远大目标的秘诀。

法国考古学家、人类学家安德列·勒鲁瓦·古昂曾经探索人类进化的历史，他研究的是一个能动性的问题，即人类是如何通过获得语言与技术等文化而产生知性的。他留下了这样一句话："人类天生就能够把自己的思考变成现实。"

人具有无限的可能。只要强烈地这样去想、去思考，持续地拼命努力，那么不管遭遇什么困难，都一定能够实现目标。因此，绝对不能说"做不到"，甚至不能有这样的想法。在面对困难时，要相信自身能力的无限可能，这才是成功的先决条件。

然而，即便我们不遗余力、坚持努力，所从事的事情也常常无法开花结果。

　　仔细想想，这其实是理所当然的。因为你积极地接受了别人避之唯恐不及的困难，所以，当感觉"不行"的时候，并不是灰心放弃的终点，而是再次出发的起点。

　　不要给自己设限，持续抱有无穷无尽的探索之心与挑战精神，可以说，这正是将危机转变为机会的方法。

006

全力以赴活好今天

人生就是"今天"这一天的不断积累，就是"此刻"这一刻的不断延续，仅此而已。

《活法》（SUNMARK 出版社）

珍惜"当下"，方能开创未来

时刻志存高远，就是指对人生拥有坚定的目标。年轻时，特别是学生时代，有的人思考过"我要成为什么样的人""应该度过怎样的人生"这类涉及人生目标的问题，有的人则从未思考过。在人生的后半段，两者之间将会拉开巨大的差距。

但是，实现远大的志向和目标绝非一朝一夕之功。要想实现宏伟的目标，每一天扎扎实实的努力不可或缺。

当年，京瓷只是个街道工厂，远没有今天的规模。但从那时起，稻盛先生就反反复复向员工描述"我们公司必将成为世界第一"。

但是，当时的现实又是怎样的呢？

稻盛先生回忆，尽管京瓷的梦想和愿望十分宏伟，但每日面对的却是单调乏味的工作。为了让前一天尚未完成的工作推进哪怕一小步，他都要使出浑身解数，解决一个又一个摆在眼前的问题。往往只是处理这些问题，一整天转眼就过去了。

当然，有时梦想和现实之间的巨大落差也会带来打击。他也难免自问：像这样不断被日常工作逼得转不开身，真的能创造出世界第一的企业吗？

但是，像这样日复一日、孜孜不倦地埋头于眼前的工作，脚踏实地，持续努力，正是实现宏伟目标不可缺少的过程。

"千里之行，始于足下"这句话出自老子。老子云："合抱之木，生于毫末；九层之台，起于累土；千里之行，始于足下。"意思是"合抱的大树成长于细如毛发的嫩芽，九层的高台筑自每一堆泥土，千里之路行于脚下的第一步"。

如今需要抬头仰视的巨树，当初也不过是一株小小的细芽。它经历年月，一毫米、一厘米地持续生长，最终长成参天大树。高耸的建筑倘若没有坚实的基础，顷刻间便会轰然倒塌，它起于扎实的地基。面前有蜿蜒千里的道路，欲行这千里，就必须脚踏实地，一步一个脚印，扎扎实实地前进。远大梦想的实现是孜孜不倦、日积月累的成果。

不要随随便便地度过当下这一刻。如何拼命过好当下这一刻，将决定人生的下一个瞬间。只要如此日复一日，不断积累，明天自然会呈现在我们的眼前。然后，用同样的方式拼命过好明天，就能看清后面的一周。一周一周地不断积累，就能看清一个月，以至一年。

要想度过充实美好的人生，就不能无谓地担心没有发生的事，也无须对将来感到不安，而是要拼命努力，全神贯注地活好当下这个瞬间，这才是关键。

只有珍惜当下，未来才会向你敞开大门。这可以说是实现宏伟梦想的最佳道路，甚至是唯一道路。

稻盛先生在京瓷总部办公室专心阅读资料（供图：稻盛资料馆）

007—008

因为喜欢

必须彻底爱上自己的工作——这可以说是通过工作丰富自己人生的唯一方法。

要把艰苦的工作变得生动而富有意义，就是说，要喜欢上自己的工作。

《**活法**》(SUNMARK 出版社)

成为自动燃烧的自燃型人才

　　成就事业需要巨大的能量。越是困难的工作，需要的能量就越大。这些能量就是激励自身、促使人燃起熊熊干劲烈焰的火种。

　　物质大致可分为"可燃型""不燃型"与"自燃型"三种类型。

　　"可燃型"就是点火就能燃烧的物质。

　　"不燃型"是点了火也燃烧不起来的物质。

　　而"自燃型"则是能自动燃烧的物质。

　　人同样也分这三种类型。

　　你若想做出成就，就必须成为能够自我燃烧的"自燃型"人才。"自燃型"人才，一言以蔽之，就是不必别人吩咐也会主动前进、带头工作的人。同时，"自燃型"人才还能通过点燃自我，将能量传递给身边的人，让他们和自己一起燃烧，带动那些"可燃型"的人，让他们也燃烧起来。

那么，怎样才能成为"自燃型"的人呢？

答案非常简单。稻盛先生说，那就是"喜欢上自己的工作"。常言道："喜欢才能变能手。""喜欢"就是最大的动力，无论是意愿、勤奋乃至成功，一切都离不开"喜欢"这一强大的原动力。

不管多么艰苦的工作，只要喜欢，就不觉其苦。只要"喜欢"，自然就会涌现出强烈的意愿，努力也不在话下。在旁人看来，你很拼命、很辛苦，但你本人却因为喜欢而浑然不觉，反而乐在其中。

无论哪个领域，成功人士都是"喜欢"自己工作的人。

如果你想在现有的事业中取得成功，或希望做出成就，就必须彻底爱上自己的工作。

爱上自己的工作，是通过工作让人生充实并富有意义的唯一途径。这么说也不为过。

1991年，*AERA*（朝日新闻出版）刊登的稻盛先生的肖像（供图：宝岛社）

009

如何爱上工作

有的人对自己的工作怎么也喜欢不起来，那又该怎么办呢？姑且一心不乱，拼命投入工作再说。

《**活法**》（ SUNMARK 出版社 ）

越投入，越喜欢

如果对自己的工作怎么也喜欢不起来，那该怎么办?

这听起来似乎是个悖论。但是，对自己的工作喜欢不起来的人，首先要做的，就是全心全意地投入工作。

这就像先有鸡还是先有蛋的争论一样，"喜欢"和"投入"，这两者是因果循环的关系。因为喜欢就会投入工作，而在全身心投入工作的过程中就会产生喜欢。

人对工作的看法将随着心态的改变而发生巨大变化。因此，即使起初不太情愿，也要反复对自己说"我正在做一件了不起的工作""从事这份工作是我的幸运"，这一点非常重要。

一旦这么做，奇妙的事情就会发生：我们对工作的看法将逐渐改变。讨厌工作的人由于平时在职场中趋向于负向思维，工作的品质和效率都会乏善可陈。但是，只要心态改变，即使是一模一样的工作，人也会积极主动地去干。

前面也提到过，稻盛先生大学毕业后进入松风工业。当时松风工业是一家摇摇欲坠、随时都可能倒闭的公司。聚在一起发牢骚的同事一个接一个地辞职离去，最后只剩下他孤身一人。

这时，他想起节衣缩食送自己上大学的父母和亲人，想起在就业困难的形势下，依然推荐自己就业的恩师，忽然感到自己能在这家公司工作，是多么不容易。于是他心念一转，决定无论如何，先全力以赴投入眼前的工作。而一旦他开始这么做，成果就接踵而来。工作干得好，他就经常得到周围人们的夸奖，而更重要的是，他对工作的兴趣日益浓厚，从而又产生了好的结果。然后，他就这样越来越努力地投身于工作之中。

无论如何，先全心全意地投入眼前的工作，才能带来这样的良性循环。

对于那些不情不愿地工作的"不燃型"的人而言，工作永远是痛苦的。倘若不能转变"被迫工作"的念头，就永远无法摆脱工作之"苦"。

要想度过充实的人生，你的选择只有两个：要么"从事自己喜欢的工作"，要么"喜欢上自己的工作"。然而，能一生从事自己喜欢的工作的人少之又少。近年来，工作三年以内的新员工的

稲盛先生在京瓷总部开会（摄影：菅野胜男）

离职率超过 30%，其中又有多少人能找到自己喜欢的工作呢？

并且，即使能够进入心仪的企业，也未必能被分配到心仪的岗位。

因此，认真对待眼前的工作，全情投入，直至"喜欢"上它，这才是通往充实人生的捷径。

有个词叫作"天职"。天职绝非从天而降，也绝非可意外邂逅，而是靠我们自己创造出来的。

010

借自上天之物

我想，任何人的任何才能都是天授，不！才能只是从上天借来之物。

《**活法**》(SUNMARK 出版社)

稻盛先生托钵化缘（摄影：菅野胜男）

谦虚这种美德

人生在世，谦虚是一个至关重要的美德。经营企业，经营者不仅需要有才干，还要保持谦虚，这一点十分重要。

京瓷原本诞生于"让稻盛的技术问世"这一强烈的愿望。可以说，这家企业的诞生，从某种意义上来说，是出于实现稻盛先生个人梦想这一利己的愿望。

但是，在京瓷成立的第三年，即 1961 年（昭和三十六年），前一年加入公司的 11 名高中毕业生突然发难。他们来到稻盛先生的办公桌旁，将"要求书"推到稻盛先生面前，要他保证定期加薪、发奖金，来保障他们的未来；如果做不到，他们就集体辞职。

稻盛先生自己在刚刚加入松风工业时也曾有过辞职的想法，因此，对这些年轻人的想法颇为理解，并仔细聆听了他们的心里话。当时，京瓷的员工每天都要加班到深夜。

初中毕业的员工因为要上夜校，一下班就能回去。但高中毕业的员工却不能那么做，加上周日还不得不上班，所以他们心中的不满一日高过一日。但是，京瓷当时刚成立不久，不可能为他们的未来提供任何保证。

稻盛先生将他们带到家里，和他们促膝长谈，整整劝说了三天三夜。员工们一个个被说服了，最后只有一个人，无论如何也不肯低头。稻盛先生被逼无奈，只好说出"如果我背叛了你，你可以用刀把我捅死"的狠话，对方终于握着稻盛先生的手哭了出来。稻盛先生本来是为了实现自己的梦想才创办的企业，但年轻的员工们却是将他们的一生都托付给了企业，因此，企业就得照顾他们一辈子。在切身体会到责任重大的同时，稻盛先生强烈地意识到，企业的目的不能仅仅是实现经营者的个人目的或私利私欲。于是，他将企业经营的基础，也就是经营的目的设定为守护员工及其家人今后的生活，将"追求全体员工物质和精神两方面的幸福"作为企业的经营理念。接着，考虑到企业是社会的一分子，他在经营理念中又加上了社会使命——"为人类、社会的进步发展做贡献"。稻盛先生这一想法的根本，来自"自己拥有的才能是从上天借来之物，因此必须将自己的才干用来为'公'"，也就是来自"谦虚"这一美德。

011

度过美好人生

想要度过幸福美好的人生，就需要有与之相适应的思维方式。我认为我们有必要知道这样的思维方式究竟是什么。

《**稻盛和夫的哲学**》（PHP 研究所）

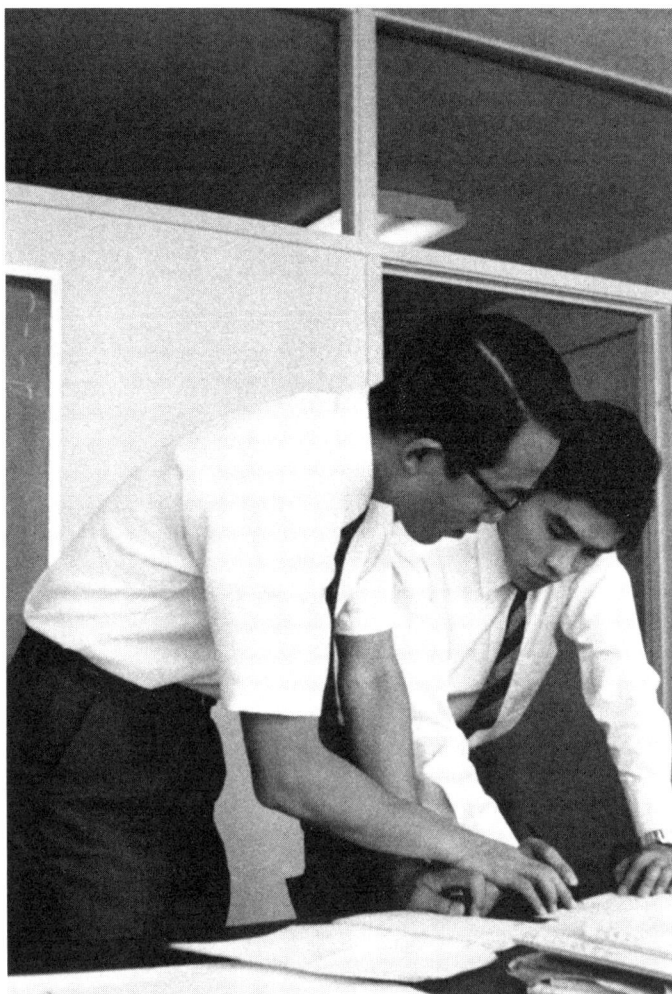

1971年，稻盛先生（左）在美国加利福尼亚的事务所指导员工（供图：稻盛资料馆）

全身心投入工作才精彩

第二次世界大战已经过去七十多年了。全球化飞速发展，日本成了世界屈指可数的经济大国。然而，与此同时，日本每年有接近两万人自杀，"窝里蹲"和"啃老族"的增多成了严重的社会问题。许多人对人生及未来心怀不安，这是不争的事实。

经济富足并不一定能给人们带来精神富足，上述现象或许就是这句话的表现。

如今，我们亟须直面的是"人为什么活着"这个根本性的问题，亟须思考做人最基本的哲学。

正如本章前面所论述的，想要度过幸福美好的人生，就需要有与之相适应的思维方式。

我们必须清楚地了解，这是一种什么样的东西。否则，我们的人生就会充斥着变幻莫测的表象，内心无法变得充实。

好逸恶劳、贪图享乐、游戏人生的人，愤世嫉俗、满腹牢骚的人——这些人与持有崇高的人生目标，以乐观积极的态度全心全意拼搏、不断努力的人，拉开了巨大的差距。

日本人自古以来就有在劳动和工作中发现人生价值的思想，但伴随着日本的现代化，这些思想却发生了巨大的改变。欧美发达国家批评日本人过度劳动，于是日本开始进行改革，减少劳作时间，增加休闲时间，这项改革被称作"劳动改革"。缩短每月最后一个周五工作时间的"黄金周五"计划，也是其中的一环。

可是，日本人原本就像稻盛先生所说的一样，在工作的过程中学习各种各样的智慧和技术，锻造自己的精神。这不正是人们常说的"人通过工作实现成长"吗？

为了让心灵变得丰富充实，为了提高心性，就要全身心地投入工作。

过去，许多日本人都抱有勤奋工作的劳动观，但如今这种劳动观却几乎消失殆尽。现在，需要我们重新思考这一价值观的时刻或许已经来临。

012—015

细节有神明

究竟是什么让人从平凡变为非凡的呢？是不厌其烦、默默专注于一件事情的力量，是拼命过好"今天"的力量。

《活法》（SUNMARK 出版社）

自己做不到的事，不要假装能做到。如实承认自己的弱点，从这里重新出发。

《提高心性　拓展经营》（PHP 研究所）

"会"和"知"中间有一条鸿沟，只有靠现场的经验才能填补。

《活法》（SUNMARK 出版社）

要努力到神灵出手相助的地步。

《活法》（SUNMARK 出版社）

"知道"不代表"做得到"

　　稻盛先生说，他"不太欣赏才子"。常言道："聪明反被聪明误。"有才干的人往往能洞察先机，因此反而懒于日复一日脚踏实地、稳扎稳打地前进。正如在这里列举的稻盛先生的话，"知道"不等于"做得到"。要想"做到"，必须将所知付诸行动，而且需要平日不间断地积累实践经验。所谓"细节有神明"，指的就是只有连细节也不放过、竭尽全力勤奋努力的人，神才会出手相助。

016

年轻时期的苦难

包括年轻时期在内，从未经历苦难的人，不可能成就伟大的事业。

《**稻盛和夫的哲学**》（PHP 研究所）

主动接受苦难，促使自我升华

回顾稻盛先生的前半生，包括小时罹患肺结核在内，他的人生绝对称不上是一条坦途。可以说，他走过了崎岖坎坷，经历了千难万苦，才取得了巨大的成功。一个人形成怎样的人格，正是取决于他如何面对这种苦难。

稻盛先生生于鹿儿岛，在磨炼人格方面，他最尊敬的人就是同乡的伟人西乡隆盛。

西乡是低级士族家的孩子，小时候外号叫"土当归"[1]，这个外号取自"土当归大树"。他个头又高又大，眼似铜铃，沉默寡言，看上去没有丝毫机灵劲儿，所以得了这么一个外号。

然而，就是这个孩子，长大后成就了改变日本的伟业。原因

---

[1] 指"傻大个儿"。土当归，其茎干虽然大却很软，因此常用来比喻块头大而没有用的人。——译者注（后同）

是什么呢？或许，其中有著名主君岛津齐彬对他的器重与栽培的因素，但最重要的，是西乡自身所遭受的无数苦难。

1858年，京都清水寺的月照和尚因为参与尊王攘夷运动，被赶出京都，潜逃到西乡寄身的萨摩。然而，岛津齐彬身故后，岛津久光作为藩主父亲掌握了实权，他禁止臣下庇护月照。为了忠义两全，西乡和月照相约一起在锦江湾投水自尽。但是，只有西乡奇迹般地活了下来。当时想必他因无法保护投靠自己的友人而心中充满悔恨，同时还因为让友人独自死去而遭到周围的责难。尽管如此，他忍辱负重，克服了对友人之死的羞耻感和屈辱感，活了下来。

西乡由于和岛津久光政见不和，不久被流放到奄美大岛冲永良部岛。他被扔进冲永良部岛上一个挡不住风雨的牢房，遭受强烈海风的侵袭和暴雨劈头盖脸的冲刷，可谓苦不堪言。但是，他却不为所动，在狂风暴雨中坐禅冥想。曾经魁梧的他眼见着一天天消瘦，就连看守他的狱卒也不忍心看下去，在自己家中设了一个牢房安置他，他这才幸存下来。就在这样的艰难困苦之中，西乡在冲永良部岛牢狱之中学习了阳明学等学问，努力锤炼自己的人格。

在这样的千锤百炼之下，西乡的器量变得越来越大。后来，他指挥萨摩藩军和幕府幕臣胜海舟谈判，兵不血刃，实现了江户城和平开城的壮举，带领明治维新取得成功。可以说，重重苦难反而造就了西乡隆盛崇高的人格。

就像西乡隆盛一样，那些克服了难以想象的艰苦和磨难的人，才能最终取得伟大成就，成为名副其实的"伟人"。相反，我们从未听说那些出身名门、自小在富裕和顺境中长大的人能成就伟业。这样的人只要稍遇困难，就立刻萎靡不振。

不愿吃苦，是人之常情。但是，古语说："艰难困苦，玉汝于成。"（意思是逆境能促人成长。）为了提升自我，我们应该积极主动地去接受苦难的磨炼。

20世纪90年代，稻盛先生在中国工厂视察（供图：稻盛资料馆）

才能的用途

如果上天赐予了自己才能，那么就必须将这种才能用来服务员工、客户和社会。

《**成功和失败的法则**》(致知出版社)

我坚信，只要动机是善的，行动的过程是善的，就不必追问结果，因为结果必定成功。

《**提高心性　拓展经营**》(PHP 研究所)

不为私利私欲，以利他精神为重

前面讲过，京瓷的经营理念如下所示：

"在追求全体员工物质和精神两方面的幸福的同时，为人类、社会的进步发展做贡献。"

京瓷从原本既无资金信誉又无实绩的小小街道工厂起家。对稻盛先生而言，能依靠的仅有有限的技术和相互信任的伙伴。

企业要发展，就需要每一个员工拼命努力，而经营者也需要全力以赴地回应这份努力。信赖伙伴，不为私利私欲，让员工们为身在这家企业工作而感到庆幸，从而成就卓越的企业。正如我们每一个人都是人类的一分子一样，企业本身也是社会的一个组成部分。因此，企业的存在也要为人类、社会的进步发展做出贡献。

京瓷的经营理念就是如此简洁明了地表明了京瓷重视"人

心"的经营态度，可以说这就是原点。

稻盛先生成立第二电电株式会社，毅然挺进一直被电电公社（现 NTT）垄断的通信市场，也可以说是这一利他精神的体现。稻盛先生在从事这一大事业前，每晚在睡前反复自问自答是否"动机至善，私心了无"，持续了半年时间。他毫不留情地叩问自身：如今自己要做的事真的是为了社会吗？有没有想赚钱的私心？有没有想出风头的歪念？直到他敢于向自己的良心发誓，断言"绝对没有私心"，才决定挺进这一宏大事业。

稻盛先生尊敬的明治维新三杰之一——西乡隆盛，著有一本语录集《南洲翁遗训》，其中汇聚了他的话语。其中有"平日忧国忧天下之诚心不厚，只趁时势而成之事业绝难永续"（遗训第三十八则）之语。不错，诚如这句话所说，消除私心，以真挚利他之心为国民、为社会发起的事业必将持续发展。就像第二电电，尽管它在当时新崛起的通信公司中条件最为不利，如今却成为 KDDI 这一可与 NTT 比肩的通信企业。

如果你是一名已取得了一定成功的经营者，此时更需要保持谦虚的态度。

即使这种成功依靠的是自己的才能，也绝不能将这种才能视作私有之物。

如果自己被赋予了与众不同的才能，绝不能将它用于私利私欲，而应该用来为企业员工、顾客以至整个社会服务。所以，不能因为过去的成功而骄傲自满，必须更加谦虚，拼命努力，不断积累。或许，正因为稻盛先生具备这种谦虚的美德，不为私利私欲，而是以利他的真诚之心不断努力，才有今天京瓷和 KDDI 的成功。

1969年，稻盛先生对公司的管理干部们讲述企业今后的发展（供图：稻盛资料馆）

019

美好而崇高的灵魂

如果有人问我："你为何来到这世上？"我会毫不含糊地回答："是为了在死的时候，灵魂比生的时候更纯洁一点，或者说带着更美好、更崇高的灵魂去迎接死亡。"

《活法》（SUNMARK 出版社）

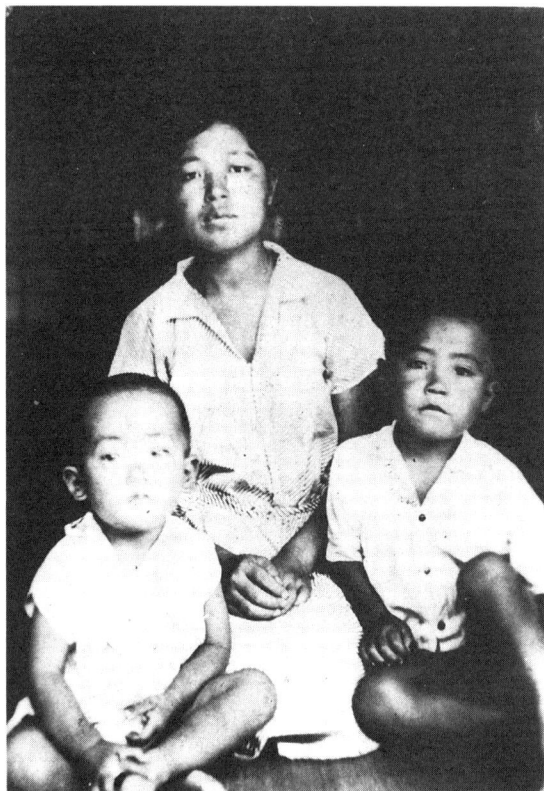

稻盛和夫的母亲纪美（中）与哥哥利则（右）（供图：稻盛资料馆）

为了好好生活，必须好好工作

前面也提到，稻盛先生说人生于这个世间的理由就是"带着更美好、更崇高的灵魂去迎接死亡"。

让灵魂变得更崇高，换句话说，就是磨炼心性。磨炼心性即使对于专门修行的僧人而言也绝非易事。即便是他们，也需要为之从事非同寻常的修行。

对于活在俗世红尘中的我们而言，工作就是修行。

说得再具体一点，如果说提高心性、磨炼灵魂意味着要好好活着，那么，要实现这一点，最关键的，可以说就是要好好工作。

工作并不仅仅是为了追求业绩。业绩固然重要，但在此之前，工作还具有更为重要的意义。那就是通过工作这一方式提升人格品质，完善每一个人的内在。

人活在俗世间，难免会尝尽酸甜苦辣。认真体味这一切，经受福祸之波的洗涤，拼命努力地活着，直到生命终结的那一天。这个过程本身就是磨炼我们灵魂的途径。

　　因为"活法"不同，一个人的灵魂既可能得到磨炼，也可能会出现阴霾。也就是说，一个人如何度过有限的人生，决定了他是心性高洁，还是卑怯渺小。

　　稻盛先生也不例外。所以，他每日都有自我诫勉的"仪式"。每当他盛气凌人地训斥了下属，或说了一些志得意满的话，或自觉不够勤奋时，就会在一天工作结束之后，在酒店房间或自己家里自我反省。又或者，在第二天清晨醒来时，回顾昨天，对着洗手间镜子中的自己厉声呵斥："你这个笨蛋！"然后不由自主地说出反省的话，"神啊，对不起！"

　　对稻盛先生而言，这种每日的反省就是工作的一部分。他深刻地理解，以真挚的态度度过每一天，本身就是锻炼自身人格的修行，所以才会养成这个习惯。

020

拓展经营的人生观

可以说，企业经营的目的，就是企业经营者的人生观。

《**提高心性　拓展经营**》（ PHP 研究所 ）

稻盛先生在圆福寺（京都府八幡市）中致辞（供图：稻盛资料馆）

看透事物的本质　贯彻正确的人生态度

身为经营者，稻盛先生一直坚持以"作为人，何谓正确"为经营指针。从中可以明白，经营目的应当设定在尽可能高的层次上。

想要事业成功，就必须点燃经营者的热情，提升其能量。金钱、名利之类的欲望，可以说为成就事业提供了强大的动力，带来了巨大的能量。但是，其背面一定会有令人不安之处。而这种不安，反而常常会削弱能量。想赚钱，想发大财，单凭这些赤裸裸的欲望经营企业，或许会取得一时成功，但从长远来看，绝对不会顺畅。人若任性妄为，心中必然涌起欲望。肚子饿了，就会升起食欲；面临外敌，就会产生愤怒；遇到讨厌的人或事，自然会抱怨。佛教将贪欲、愤怒、抱怨这三者列为人类最强大的烦恼，将它们称作"三毒"。人类如果对人性放任自流，"三毒"就会涌现，充斥人心。为了抑制这些烦恼，就要看透烦恼的本质，凭借意志力战胜被烦恼纠缠的自己。也就是说，"克己"至关重要。

京瓷起初是一家由 28 名成员组成的中小型企业。稻盛先生和员工们通过不断努力，使得企业开花结果，逐渐发展壮大，年利润五亿日元、十亿日元地不断增多。稻盛先生说，他偶尔也会升起傲慢之心："公司一年产出十亿日元的利润，应该全部归功于我发明的技术，即使我多拿一点薪水也无可厚非。"可是，就当这个思想刚刚冒头时，他立刻警醒："不对，不能把自己的能力当作私有物。"上天之所以赋予自己才能，是为了用于社会和世人，于是他立刻改变想法，以"为社会、为世人"的心态继续工作。

像这样，基于自己的人生观经营企业，就能逐渐看清事物的本质。在必须下判断、做决策时，要扪心自问，看清其中是否存有私欲，是否具备大义，直至内心完全认可。我们要重视大义，不仅要将其视为经营目的，还应该将其视为高层次的人生目的。这是人一生中最关键的。

021—026

确立哲学

人只有通过工作才能不断成长。

《活法》(SUNMARK 出版社)

懒懒散散、缺乏目标意识的人，同认真生活、具备使命感的人相比，人生戏剧展开过程会截然不同。

《提高心性 拓展经营》(PHP 研究所)

因为自愿赌上了自己全部的人生，所以工作让我感受到无穷的快乐。

《提高心性 拓展经营》(PHP 研究所)

具备人生目标的人和缺乏这种目标的人，他们在人生的后半段会产生明显的差距。

《提高心性 拓展经营》(PHP 研究所)

我认为，如果没有在自己的人生中不断地创新，个人就不会进步，更不可能成为具备人格魅力的人。

《提高心性 拓展经营》(PHP 研究所)

全力以赴度过今天，自然就能看清楚明天。

《提高心性 拓展经营》(PHP 研究所)

稻盛先生在阅读《南洲翁遗训》（摄影：菅野胜男）

无论人生还是经营，关键都在于哲学

如果希望人生过得更美好、更丰富，应该选择怎样的活法呢？

从本章列举的稻盛先生的话语中可以知道，人应该在有限的生命中极度认真地活好每一天，不是为了满足私利私欲，而是为了更宏伟的事物，以诚挚的利他之心，朝着高远的目标努力。如果一个人以这样崇高的目的从事工作，就能通过工作使自己的人生富有意义。

当然，有的人具备天生的才能。但是，如果因为上天赐予了才能就不愿努力，成功一次便骄傲自大，那么这个成功将无法结出丰硕的果实。我们应该强烈地认识到，才能是借自上天之物，我们必须将其用于社会和世人，以回报社会、回报世人的态度过人生。这不正是"哲学"的体现吗？

稻盛先生也经常强调，在企业经营中首先必须拥有"理念""哲学"。

2010 年，成功帮助破产的 JAL（日本航空公司，以下简称日航）重生的，正是这个"哲学"。破产前，日航作为日本具有代表性的企业，有过辉煌而悠久的历史。在不知不觉中，日航的干部变得傲慢起来，员工们只知按照上司的吩咐工作，公司内可以说毫无哲学。受托重建日航的稻盛先生先是将干部们集中起来，彻底推行领导人教育，进行意识改革。他向大家讲述关于"作为人，何谓正确"的判断基准，也就是哲学。稻盛先生从早到晚、竭尽全力地讲述做人应有的姿态，日航干部们被打动了。接着，稻盛先生向直接服务客户的现场员工渗透哲学。结果，员工们一个个在工作中变得充满活力，日航也摇身一变，重生为一家能为顾客提供最高品质服务的企业。就这样，日航在短短两年零八个月后就实现了重新上市的目标。稻盛先生说，哲学是人生和经营的指针，而构成哲学之根本的就是单纯的原理原则。

本章阐述的是人生的指针，即"活法"，也就是哲学。而下一章《原理原则》中阐述的则是构成哲学之根本的原理原则这个东西。

第二章

原理原则

原理原则

人生与工作的决定因素

我用"人格＝性格＋哲学"这个公式来定义人格。

人生·工作的结果＝思维方式 × 热情 × 能力

人生和工作的成果由思维方式、热情、能力三要素相乘，而绝不是相加得来。

《**活法**》(SUNMARK 出版社)

创办京都陶瓷公司（现京瓷株式会社）时期的稻盛先生，摄于公司正门前
（供图：稻盛资料馆）

幸福和成功需要哲学

不仅是经营企业，在任何工作中，一个人的才干固然重要，然而，对于成功而言，才干并非绝对必要的。

稻盛先生回忆，在 27 岁创办京瓷时，他本来只是一名技术人员，对经营一无知识、二无经验，完全是个门外汉。尽管如此，他依然是一名担负着员工生计的经营者。员工向他请示时，他必须做出正确的判断，给出明确的指示。

经营者一旦判断错误，就有可能导致公司倾覆，导致员工及其家人流落街头。稻盛先生说，在这个于黑暗中不断摸索的过程中，他决定将"作为人，何谓正确"当作判断基准。

"作为人，何谓正确"这个问题的答案，与一个人的人格密不可分。

譬如，公司中有擅长经营、精通财务、在才能上无可挑剔的人才。如果这个人才华出众，但心术不正、自私自利、贪得无厌，那将会出现什么情形？正因为有了出众的能力，所以这个人可能会巧妙地篡改账务，违规舞弊。所谓能力，就是这样，会因为使用者的人性乃至人格的不同，既可以被用来做好事，也能被用来干坏事。所以，我们绝不能忘记提升自己的人格。稻盛先生说，人格由两个要素构成：一是人天生的性格，二是其后天在人生道路上所形成的哲学。

在这里需要注意的是，人格并非全部由先天决定。在这一点上，人生和工作的结果也是一样。

稻盛先生说过，人生、工作的结果等于思维方式、热情和能力的乘积。能力受先天资质左右，而热情则是愿意为成就事业而努力的热情的高低，它基于个人意愿，属于后天因素。能力和热情可以用 0 分到 100 分来表示。但是，最重要的是思维方式。思维方式指的是人的心态及人生态度，也就是一个人的哲学。能力和热情都是从 0 分到 100 分，但思维方式的分数范围却是 −100 分到 100 分，而且，三者是相乘的关系。即使一个人的能力和热情的分数都很高，但只要哲学为负，其人生就一定不会幸福。无论才华多么出众，追求事业成功的热情多么强烈，只要思维方式不正确，就必定会招致不幸的结果。

030

宇宙的法则

心中描绘怎样的蓝图，决定了你将度过怎样的人生。强烈的意念，将作为现象显现——请你首先铭记这个"宇宙的法则"。

《**活法**》（SUNMARK 出版社）

强烈的愿望塑造人生

推动人生好转、引领事业成功的法则是什么呢？上一节强调了思维方式的重要性。这个思维方式，进一步说，指的就是内心描绘的蓝图、内心强烈而持久的愿望，会变成现实。

第一章也阐述过"人类能将思考变为现实"，最好的例子就是稻盛先生对日航员工说的如下话语——

"实现新的计划关键在于不屈不挠的一颗心。因此，必须抱定信念，志气高昂，坚韧不拔，一心一意干到底。"

这是 2010 年 2 月稻盛先生在被委任为会长、重建破产的日航之际对日航员工们所说的话。它原本出自倡导积极思想的思想家中村天风。

强烈的愿望将成为现实。

稻盛先生也说过，这句话概括了他为重建日航所做的一切举措。

当时，身边的人纷纷劝告他，重建日航只会让他"晚节不保"；还有人讽刺他"一个航空业的门外汉想重建日航，根本没门"。

但是，在毫无胜算的情况下，稻盛先生仅凭这样一个纯粹而强烈的愿望，便全心全意地带领日航开展重建工作。

这一强烈愿望感染了因公司破产而饱受白眼、士气低落的日航员工，他们最终实现了所有人都认为"不可能完成"的日航重建计划。

稻盛先生还讲过："宇宙中存在一股让万物进化发展、变得更加美好的力量洪流，我们可以称它为'宇宙的意志'。"（《活法》）这股力量也在日航重建中发挥了作用。宇宙中存在这样的原理原则，对此，稻盛先生是这么阐释的。

宇宙大爆炸理论认为，宇宙起源于一小撮极其微小的、高温高压的基本粒子的大爆炸。

通过最初的这场大爆炸，基本粒子相互结合，形成了质子、中子和介子，三者进一步结合，形成了最早的原子核。原子核捕捉到电子，于是最小的原子——氢原子诞生了。

后来，又诞生了各种各样的原子、分子，它们再组成高分子，最终诞生了人类这种高等生物。

对宇宙的诞生与进化了解得越多，就越会觉得宇宙中有一种意志在起作用，正是这种意志创造了原子、分子的形成法则，而法则之间的组合又创造了这个世界。

稻盛先生走在雨后鹿儿岛城山（摄影：菅野胜男）

031

持续就是力量

"持续"和"重复"是两回事。

《**活法**》(SUNMARK 出版社)

稻盛先生在京瓷精密陶瓷馆中的创业初期生产的陶瓷产品前（摄影：菅野胜男）

持续前进，哪怕只是如蚂蚁般的一小步

人降生在这个世界上时，能力的优劣便已决定，这是残酷的现实。那么，平凡的人是不是就绝对没法成为非凡的人？答案是否定的。只要每天积累，平凡人也能变得非凡。

谈及才能，一般人都认为才能越高越好。对于企业来说，如果有许多才华横溢的人加入，业绩理应相应增加，企业也能得到大发展——这是一般人的想法。稻盛先生回忆，京瓷还是中小企业的时候，他就很羡慕其他企业能够拥有众多优秀的人才。

起初，稻盛先生也满心期望才华横溢的人加入企业。他坦诚地表示，他也曾轻视那些头脑有些迟钝的人。但是，他的期望屡次被辜负。越是有才干的人，就越容易恃才傲物、骄傲自负，对其他员工总是一副高高在上的态度，结果公司内部气氛也变得糟糕起来。同时，因为这些人有才干，对事物判断迅速，动不动

便改弦易辙。只要其他公司提出优厚的条件，他们就轻易地被吸引，从而辞职跳槽。所谓"聪明反被聪明误"，有才干的人往往自恃才智过人，不肯踏实努力，结果人生反而逐渐走向下坡路。相反，那些头脑虽然有些迟钝但人品不错的人，即便遇到苦活累活，也默默埋头苦干。在勤劳工作的过程中，他们成功地发展了个人能力，成长为能干的优秀人才，这样的事例不在少数。

平凡的人要想变得非凡，就必须重视每日的积累。全力以赴地过好当下的每一天，就这样日复一日，不断积累。正是这份"持续"，培养了人的能力，促人成长。"持续就是力量"，这是千真万确的道理。在这里必须注意的是，持续虽然重要，但如果每日不知反省，仅仅只是重复同样的事情，那么它就不具备丝毫意义。持续不同于简单地重复相同的事。今天胜过昨天，明天胜过今天，后天胜过明天，哪怕一点点也好，不断找出可改进之处，持续改良改善，不断迭代更新。时刻不忘钻研创新，更进一步。哪怕只是如蚂蚁般微小的一步，只要是向前，便是前进。如此日积月累，长此以往，就能拉开巨大的差距。就这样不走熟悉的、同样的道路，一边钻研创新，一边持续，就是通往成功的捷径。

032—034

作为人，何谓正确

人生与经营，根本的原理原则是一样的，而且单纯至极。

过去判断累积的结果就是我们现在的人生，从今往后如何选择，将决定我们以后的人生。

基于原理原则牢牢确立哲学，按这种哲学行事，就能让事业获得成功，给人生带来硕果。

《**活法**》（ SUNMARK 出版社 ）

贯穿人生的原理原则

稻盛先生 27 岁创立京瓷时，只是一个研究陶瓷的技术人员，在企业经营方面可以说完全是个外行。但是，既然成为经营者，他就不能仅以技术人员的身份从事研发工作，还必须承担员工乃至其家人的生活，对他们的人生负责，将企业经营下去。

沉重的责任压在稻盛先生的双肩上，原来自己背上了一个不得了的包袱——他每天都为此苦恼。

企业每天都有各种各样的问题发生。生产线上的麻烦，和其他企业的竞争，和客户的关系……方方面面发生的问题都需要经营者做出最后决定。即使是自己不精通的销售或财务工作，经营者也不得不迅速做出判断。而且，因为经营者的一个判断，企业有可能发展壮大，也有可能倾覆。对于从前只是一介技术人员的稻盛先生而言，企业经营是一个未知的领域。他既无经营所需的知识，也无决策的依据。而且，没有经验即意味着在决策时没有可参照的模式及前例。在这种状态下，自己到底应该以何为指针开展经营呢？

历经长时间的苦恼之后，稻盛先生最终得出的结论是，遵照极为朴素的"原理原则"开展经营。

换句话说，就是"作为人，何谓正确"。不撒谎、不贪婪、不给人添乱、正直、待人和善……他依照这些看似天经地义、做人应当遵守的最低限度的规则来经营企业，把这些简单的伦理道德作为经营的判断基准。

这一决定的背后隐藏着一个认知：即使不是企业经营者，我们平日在人生的方方面面同样需要做出选择和判断。我们在现实中必须独立判断，一次次做出决定。一个人的人生是由每天的选择和决定所塑造的，这么说一点也不为过。

若如此看待事物，那么人生和经营就完全相同。

人生也好，经营也好，在面对选择和判断时，能否基于明确的原理原则做出实事求是的判断，可以说将决定这个人的人生或企业是否会变得截然不同。正因为原理原则的简单朴素，每当我们迷失道路、难以判断时，才能重新回到原点上来。

稻盛先生在担任塾长的"盛和塾"的恳亲会上（供图：稻盛资料馆）

035

人的命运是可以改变的

命运和因果，这两项重大的法则支配了所有人的人生。命运是经纱，因果法则是纬纱，两者交织而成人生之布。

《**活法**》(SUNMARK 出版社)

命运与立命

人生乃至这个世界，存在着极为简单朴素的原理原则。它简直就像表现自然现象的美丽的数学方程式，是确实存在的法则。稻盛先生说，在人生中存在着两个这样看不见的法则。

首先，我们从来到世上到离开，要走过的道路是事先定好的。作为生灵，我们从出生开始便背负着命运。

但是，如果将命运视为经纱，我们的人生并不只是由经纱构成。我们受命运这一经纱的摆布，在人生中有各种各样的际遇，而每次的际遇都逼着我们做出判断和选择。此时，若能想好事、做好事，就能得到好的结果。反之，如果想坏事、做坏事，就会出现不好的结果。

所谓"心不唤物，物不至"，除了命运，人生还存在着由我们的思想和行为塑造的现实。原因和结果的关系，即因果法则，是存在于命运这一经纱以外的纬纱。稻盛先生认为，我们的人生就是命运这一经纱和因果法则这一纬纱织就的布。

王阳明研究的权威、思想家安冈正笃先生所著的《命运与立命》，深入浅出地诠释了人生是如何由命运和因果两大法则交织而成的。

在这本书中，安冈先生解说了中国传统文化中《阴骘录》这一"立命之书"。《阴骘录》的作者袁了凡在儿时从一位精通易术的老者处得知了自己的命运。老者说，他将在科举后出仕，成为高官，年纪轻轻就能成为一地的长官，能结婚但无子，53岁便会死去。后来，老者所说的话果然在他的人生中一一应验。于是他接受了自己的命运。正如老者的"预言"，他当上了地方长官，遇到了一位有名的禅师，叫云谷禅师。云谷对坐禅一心不乱的袁了凡大为赞赏，问道："你是在哪里修行的？"袁了凡并没有专程修行过，他将老者对自己命运的预测一五一十地告诉了禅师。"正如老者所料，我通过科举，当上了官员，在地方上任。虽然结了婚，但现在依然无子，想必定将按照命运在53岁时死去。因此，我心中没有任何期待和欲望，只想平平淡淡地走完人生。"袁了凡刚说完，云谷禅师就对他说："你真是愚钝不堪。虽然人各有命运，但又哪里有完全依照命运活着的愚人。命运是可以改

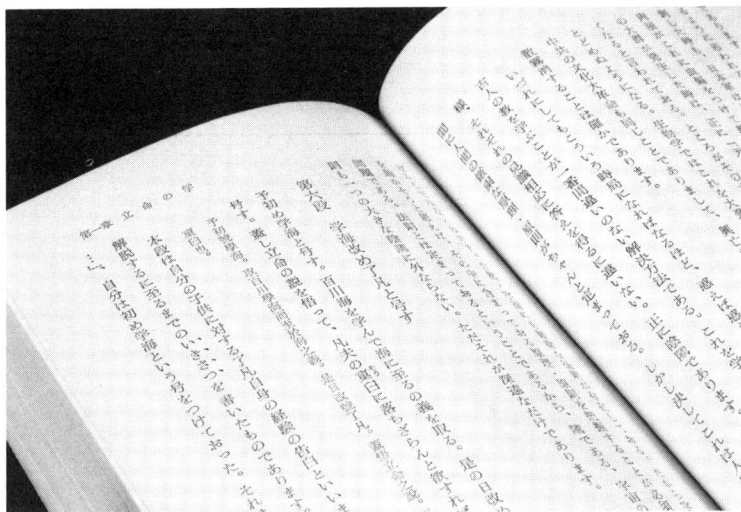

关西师友协会发行，安冈正笃著《命运与立命》（供图：宝岛社）

变的，命运之外还有因果法则，只要思善、行善，命运就会向好的方向发展，反之亦然。"后来，袁了凡一心行善，战胜了老者所说的命运，有了儿子，寿命也超过了预言的 53 岁，年过 70 仍然十分健康。

命运虽是天定，但通过修正自身的思想和行为，命运是能够被超越的。因此，明确理解织成人生之布的经纱及纬纱的存在，就变得十分重要。

036—039

领导者的资质

领导者的行为、态度、表现，不管是善还是恶，影响不只限于自己个人，而会像野火般迅速扩散到整个团队，这一点必须铭记于心。

领导者都必须具备自我牺牲的勇气。

一个让集团大多数人感觉方便和舒适的环境，只有领导者通过自我牺牲来打造，才能赢得部下的信任和尊敬，才能形成职场的协调和规范，才能让团队获得发展。

所谓判断，就是将问题与自己心中的那把"标尺"相对照，然后做出决定。

《提高心性　拓展经营》(PHP 研究所)

拥有使命感和品德的领导者

对于领导者而言，什么才是应有的资质？进一步说，理想的领导者究竟应该是怎样的呢？稻盛先生以美国西部开拓时代的蓬马车队的故事，阐述了领导者应有的理想形象。当时美国的蓬马车队启程去开垦从未涉足的大地，摆在眼前的是巨大的困难和障碍。而掌握蓬马车队命运的，是身为领导者的车队队长。只有能充分发挥卓越领导力的车队队长才能让蓬马车队到达目的地。从本质上来说，这和当下在前路茫茫、混沌不安的时代中领导企业的经营者别无二致。稻盛先生向美国西部开拓时代的蓬马车队学习，将"具备使命感"列为成为领导者的首要条件。

在美国西部开拓时代，人们心底拥有"希望富裕"的强烈愿望。现代的商业社会也一样，以企业经营者为首，集团的领导者应当是胸怀强烈愿望的人。但最关键的是，领导者绝不能是自私自利、贪得无厌的人，否则绝对得不到人们的支持和帮助。一旦人人放纵自身欲望，集体就无法齐心协力，共同行动。"我们是为了这个崇高的目的而工作"——倘若缺少类似的大义名分，即缺乏使命感，就无法团结众人之力并将之发挥到极致。

京瓷将经营理念确定为："在追求全体员工物质和精神两方面的幸福的同时，为人类、社会的进步发展做贡献。"这就是名副其实的"具备使命感"。稻盛先生说过，京瓷的员工对不掺杂私利私欲的经营理念从内心产生共鸣，团结一致，不惜为企业发展粉身碎骨、鞠躬尽瘁。稻盛先生还回忆，正因为有了光明正大的目的、使命，自己身为领导者也能奋发图强，同时对下属鞭策激励，促使事业向前迈进。

换言之，领导者必须是具备道德的人，必须基于极其光明正大的目的、使命行动。可以说，这是集团对领导者的要求。

那么，一旦领导者缺乏道德，会出现什么状况？

领导者的道德低下将对组织产生莫大的影响，过去的先人们对此也多有阐述。譬如，11世纪，北宋诗人苏轼的父亲苏洵曾留下"夫国以一人兴，以一人亡"的诗句。对于领导者所需具备的资质，明代思想家吕新吾耗费30年岁月在晚年著就的巨作《呻吟语》可做参考。另外，吕新吾以为政之高下决于上位者之姿态，叩问领导者应有的资质。他还说"深沉厚重是第一等资质"，认为身为领导者，最重要的是沉稳厚重的性格，时刻深入思考事物本质。反之，他说"聪明才辩是第三等资质"，即头脑灵活，具备才智，口齿伶俐并非首要的，而是次之又次之的资质。当时，吕新吾生活的明代，边境不安、内政混乱。吕新吾对上官进谏，但上官却一笑置之，不予理会。他从自己的切身经历中悟到，不论集团汇聚了多少优秀人才，假如领导者的资质不够，就无法调动集体的力量，优秀便会失去意义。

稻盛先生于 2004 年在中共中央党校的演讲中引用了吕新吾的话，并做了如下表述：

"我认为现在日本等多国出现的颓废现象，其原因正是各行各界启用了只拥有第三等资质的人做领导。为了构筑更美好的社会，必须选拔吕新吾所描述的、持有第一等资质的人，也就是由具备出色人格的人来担任领导者。"

基于优秀人格，即基于道德运营的组织，就像蓬马车队一样。只有不为私利私欲，具有崇高的目的，组织才得以成立。领导者身先士卒，具有使命感，表里如一，按照道德准则行动，整个组织的道德风气才能被改善，部下也愿意以这样的领导者为榜样，追随左右。

2011年，稻盛先生在全世界管理人员汇聚一堂的京瓷国际会议上（供图：稻盛资料馆）

040

大义与成功

大义和志向不同，志向包含了自己的个人目标。所谓大义，不是利己，而是在自身之外寻求重大意义。

《稻盛和夫的哲学》（PHP 研究所）

利他精神能变"不可能"为"可能"

稻盛先生在接受重建日航的邀请之际，讲过之所以接手重建日航的三条大义。第一条是对日本经济的影响。稻盛先生认为，日航象征着持续衰退的日本经济。他担心，如果日航重建失败，不仅会对日本经济产生消极影响，还将使日本国民失掉自信。第二条是保住留在日航的员工们的工作。为了重建成功，日航在稻盛先生上任之前就实施了大规模裁员，而稻盛先生认为必须保住那些留下来的员工的饭碗。第三条是保障日本国民搭乘飞机的便利。日航破产，意味着日本国内主要航空公司只剩一家，而竞争对手的消失将可能导致乘机费用上升，服务质量下降。正因为有这三条大义，稻盛先生投身于毫无经验的航空业，在一片"不可能"的质疑声中成功重建日航。正是这种从不利己的利他精神及为他人尽力的使命感，将"不可能"变成了"可能"。

041

领导者和团队的关系

团队是反映领导者的一面镜子。

《**提高心性　拓展经营**》(PHP 研究所)

领导者的态度

　　稻盛先生用美国西部大开拓时代蓬马车队的故事，说明了领导者必须具备的首要条件是"具备使命感"。他在这一条后又添加了四条——"明确描述并实现目标""挑战新事物""赢得信赖与尊敬""怀有关爱之心"，从而提出了领导者必须具备的五个条件。

　　第一个条件，"具备使命感"。就是拥有大义名分，"为了这个崇高目的而工作"。如果领导者不具备这样的使命感，就无法团结众人之力，并将它发挥到最大限度。可以说，这是一个组织运营者必备的条件。

　　第二个条件，"明确地描述并实现目标"。不管道路多么艰险，蓬马车队的队长永远也不会迷失目的地。就像蓬马车队队长一样，企业也要求团队领导者必须明确目标，不管有多大困难，都必须达成。设定全体组织成员认可的具体目标，发自内心地与全体组织成员共有。而其中，对目标拥有最强烈的热情，最不肯妥协、最努力地朝着目标奋进的，正是领导者本人。

第三个条件，"挑战新事物"。要持续保持像开拓未知之地的蓬马车队那样的先锋精神。也就是说，组织只有通过不断从事创造性的工作，才能持续成长。

第四个条件，"赢得信赖与尊敬"。优秀的领导者是能赢得众人信赖与尊敬的人。蓬马车队队长必须率领车队，保证及分配食物和水，平息矛盾。为了组织和睦，领导者自身必须拥有出色的资质。无论一个人多么有才干，如果无法赢得他人的信赖与尊敬，就不适合成为领导者。

第五个条件，"怀有关爱之心"。领导者必须发挥强大的领导力，正因如此，他在本质上必须拥有一颗亲切的关爱之心。正因为有深厚的爱，所以他才可以做到时而严厉地训斥下属，时而却和他们一起欢欣鼓舞。可以说，只有将集体、组织放在第一位，懂得关爱的人才适合担任领导者。

领导者的行为、态度、作风无论好坏，都不会只影响他本人，而会在组织中扩散，甚至蔓延到整个组织。因此，作为领导者，真正重要的是人格和心性。

1973年1月，稻盛先生提出高目标，鼓舞干部士气（供图：稻盛资料馆）

042

大自然的意志

既然存在，就是构成宇宙的必要之物，或者说，是必然性的存在。

《*稻盛和夫的哲学*》(PHP 研究所)

没有一个生命不在竭尽全力地活着

　　稻盛先生说过，这个宇宙中存在的一切事物，都是构成宇宙本身的必然的存在。这不仅仅限于人类，就连路边的一棵野草，其生命对于整个宇宙都是必然的。可以说，野草为了支持整个宇宙，总是自觉地拼命生长着。

　　初春，稻盛先生在家附近散步，突然看见石头缝隙间生长的杂草。在石块的缝隙之间，只有一点点泥土，杂草趁着浓浓的春意，竭尽全力地发芽成长。不久，这些杂草就会开花、结籽。它们沐浴在阳光下，努力地开花、结籽，准备留下子孙后代，然后枯萎。这就是植物的一生。

　　路边的杂草争相让自己更多地沐浴在阳光下，努力向上生长。它们拼命挣扎，希望自己比其他杂草得到更多的阳光，能更充分地进行光合作用，长得更高、更壮。如果对它们放任不管，很快这些杂草就会你追我赶，长成又高又密的草丛。杂草们绝不是为了打败别人而拼命生长，它们只是为了让自己活下来，这是上天赋予的本能。无论是动物还是植物，自然界的万物不都是这样吗？倘若不使出浑身解数，就无法生存。稻盛先生说，这就是大自然的规律。

稻盛先生将"付出不亚于任何人的努力"奉为座右铭。付出不亚于任何人的努力，无他，指的就是拼命努力。

就像杂草一样，努力是大自然天经地义的规律。动物也好，植物也好，只要具备生命，无不全力以赴、拼命地活着。自然界的一切存在都在竭力生存。

但是，我们人类一听到"付出不亚于任何人的努力""全力以赴地活着"，就觉得这是极不寻常的事，往往会认为只有那些数量有限的天赋异禀之人才能做到。

可是，只要仔细观察大自然的安排，你就会发现，这绝非什么奇特之处。即使想度过平凡的人生，也必须拼命生存。因为，这就是大自然的意志。

京瓷在成立初期必须竭尽所能，付出不亚于任何人的努力，否则就活不下来——稻盛先生怀着这个想法，起早贪黑，和员工们一同奋战，京瓷才有今天的成长。稻盛先生说，他对照这个上

稻盛先生在盛和塾的学习会上热切地讲述哲学（供图：稻盛资料馆）

天的意志，认为努力"并不是什么奇特的事情"。

在人生当中，拼命生存归根到底是一件理所应当的事。稻盛先生说，正因为理所当然地做了该做的事，京瓷才有今天。

043—047

明确目标并持续努力

企业经营的目的是什么？这一点非常重要。我认为，应该尽可能确立高层次的企业目的。

《提高心性　拓展经营》（PHP 研究所）

"反省"并非一朝一夕之事，必须持之以恒。

《成功与失败的法则》（致知出版社）

我们降生于世，生存于世，都是必然。存在本身就有价值。

《稻盛和夫的哲学》（PHP 研究所）

"出生乃是必然""天生我材必有用"，抱着这样的观点，人生的意义、使命、热情等才会萌生出来。

《稻盛和夫的哲学》（PHP 研究所）

我们能够改变"命运"。我认为，我们应该更有效地使用"因果法则"。

《稻盛和夫的哲学》（PHP 研究所）

改变命运的法则

本章不仅阐述了工作及经营等人类行为的原理原则，还解释了人生及宇宙整体也有必然存在的法则。这些原理原则中虽然有像命运这种上天事先决定的法则，但它也未必一定是必然，而是可以利用因果法则加以改变的。但是，因果法则并不像"1＋1＝2"那样立刻出现理想的结果。正因如此，每日的积累才尤其关键。

那么，为什么做好事能改变命运呢？

这是因为因果法则本就符合宇宙的意志。它拥有改变命运的力量，这么说也不为过。稻盛先生追溯宇宙从基本粒子到生命体的诞生及进化的过程，认为宇宙的意志在其中发挥了作用，一切都是基于"善"的意志。从以人类为首的生物到微生物，宇宙有带领一切事物向"善"的方向发展的意志。正因如此，"善有善报"的因果法则才能成立。

第三章

思维方式

考え方

048——050

思考透彻，直至看见

只有内心渴望的事情，才能被呼唤到可能实现的射程之内。首先要明白"心不想，事不成"。

"如果能那样就好了"，这种淡漠的、可有可无的愿望是不行的。愿望强烈的程度，必须促使你睡也想、醒也想，一天二十四小时不断地思考，思考到透彻为止。从头顶到脚尖，全身充满了这种愿望，如果从身上某处切开，流出来的不是血，而是这种"愿望"。

想要做成某件事……一直要思考到"看见"结果为止。换言之，就是对这件事持续抱有强烈的愿望。

《活法》（SUNMARK 出版社）

想象具体的细节

第二章主要介绍了"人生·工作的结果＝思维方式 × 热情 × 能力"这一原理原则，特别强调了思维方式的重要性。不仅一个人的行为，而且一个人思考什么事情、想什么事情，这些内心的想法本身、思考本身，都会成为现实。因此，反过来说，当下你所处的现实环境，正是由你自身的想法和思维方式塑造的。让我们在本章仔细探讨一下这个思维方式。

我想成为那样的人，我想成就那样的事业——我们心中多少都抱有一些若有若无的愿望。但是，大多数愿望只停留在"如果能那样多好啊"的程度，最终它只能成为我们人生中一个轻飘飘的梦。当我们真的想实现梦想时，首先要做什么——应该具体想象自己希望实现的梦想，想象它的每一个细节。彻头彻尾地透彻思考非常重要。

2000年10月，DDI、KDD、IDO三家公司合并，KDDI成立。稻盛先生（右二）担任KDDI的名誉会长（供图：稻盛资料馆）

稻盛先生在京瓷的经营走上正轨后，进入从未涉足的、由NTT（原电电公社）占垄断地位的通信行业。稻盛先生回忆，当时他这么做是有大义名分的。那就是"使日本过于高昂的通信费便宜下来，为国民谋福利"。他于1984年创办DDI（第二电电），该公司后来在2000年与KDD和IDO合并。于是，继NTT之后，日本第二大、世界前十大综合通信企业KDDI就此诞生。

稻盛先生预见能用手机在"任何时间、任何地点、与任何人"交流的通信时代必将来临。当时，稻盛先生就已清晰地看到"不分老幼，人人拥有手机和个人电话号码"的时代即将来临。而且，他不仅仅是想象，还将手机这一产品将具备怎样的潜力、普及到什么程度、以怎样的价格和规格在市场上交易等，都看得清清楚楚。

具体"看见"，指的并不是天马行空地任意想象。当时，稻盛先生通过京瓷正在从事的半导体零部件事业，对半导体技术革新的速度、规格和成本的变化都有了详细而具体的了解，因此能够做出精确的预测。不过，在这个基础上，他能具体想象出手机的价格和套餐价格、通话费以及每月基本话费等详细价格设定，着实令人惊讶。

像这样强烈地描绘愿望，"思考透彻，直到看见"，指的不是轻描淡写、若有若无地随便想想，而是具体想象每个细节，以至描绘出整幅画面。

051

思想与现实

一颗消极思考的心引来了消极的现实。

《**活法**》(SUNMARK 出版社)

人生取决于思维方式

除了命运之外，世间还存在因果法则。这个法则就是一个人的所思所想、言谈举止将带来相应的或好或坏的结果。因果法则甚至有改变命运的力量。这一点在上一章《原理原则》中已做过说明。

稻盛先生说，他之所以能够领悟因果法则，即自身的念头或思想会变为事实这一极其朴素的道理，是因为有过患上当时被视为不治之症的肺结核的切身经历。

决定升入国民学校高等科的那一年年底，稻盛先生的叔叔兼一住在稻盛家，晚上与稻盛先生并排而眠。结果稻盛先生似乎被跳蚤咬了，发烧卧床。稻盛先生的母亲担心他患上了结核病，带他去医院检查，果然被诊断出得了肺浸润——那是肺结核的初期症状。

稻盛先生的父亲有三个弟弟，住在稻盛家独立屋的大弟夫妇都因肺结核去世，而最小的弟弟当时也因咳血而处于疗养中。结核病当年被视为不治之症，人们对此病非常害怕。稻盛家因为接二连三地出现了结核病人，人们在私下里议论纷纷："稻盛家是结核病之巢。"因为这个，母亲在稻盛先生生病后，最先怀疑的就是他可能患上了肺结核。疗养中的稻盛先生有一天像往常一样，躺在铺在面阳的走廊上的被褥里，邻居太太隔着院墙喊他："小和夫，你感觉怎么样？"

当时，稻盛家隔壁住着一对夫妻，先生是一名巴士司机。大概因为同情年纪轻轻就卧病在床的稻盛先生，邻居太太借了一本书给他。

那是"生长之家"创始人谷口雅春所著的《生命的实相》，邻居夫妇是"生长之家"的信徒。这是稻盛先生第一次阅读宗教书籍，稻盛先生后来这么回忆："其中的一字一句如水渗入干涸的土地一般，一下子进入我的心底。"（《母亲的教诲改变我的一生》）

"我们的心有着吸引灾难的磁石，我们之所以患病，是因为我们有着一颗吸引疾病的脆弱之心。"当他读到书中的这一节时，突然意识到，自己的病不正是如此吗？他因为害怕被传染，每当

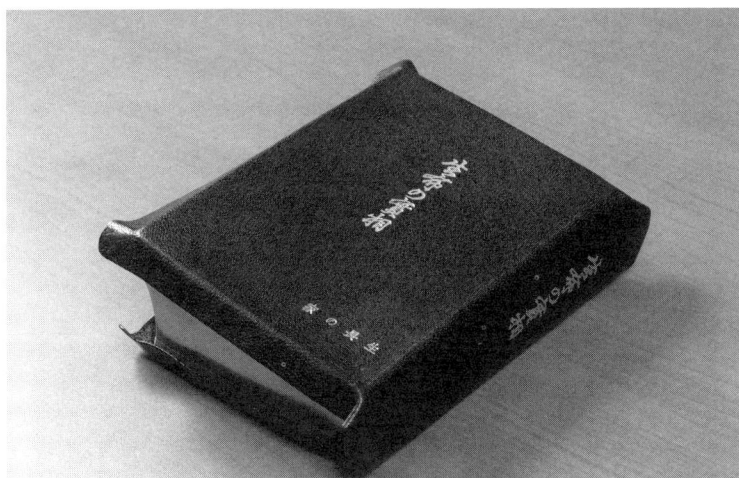

谷口雅春写的《生命的实相》（日本教文社出版）。稻盛所读的复制版（供图：宝岛社）

经过叔叔卧床养病的屋子时，总是捂着鼻子冲过去。但父亲和哥哥却若无其事，因为他们认为不可能这么容易就被传染。

父亲和哥哥安然无恙，但唯独对疾病充满恐惧和厌恶、对叔叔避之唯恐不及的自己患上了肺结核。"那时我才明白，自己躲避疾病、厌恶疾病的脆弱之心，反而招来了疾病。"稻盛先生说道。

自己的一个小小的想法，将会让现实发生巨大的改变。正如本节开头列举的那段话，消极的思想必将塑造出消极的现实，稻盛先生的患病经历恰好反映了这一点。从这个意义上来说，如果你想让人生出现转机，就应该先努力改变自己的思维方式。

052

以意志战胜命运

我最终确信，人的命运绝不是天定的，它不是在事先铺设好的轨道上运行的，根据我们自己的意志，命运既可以变好，也可以变坏。

《**活法**》(SUNMARK 出版社)

改变人生的意志之力

一个人的思维方式能够改变其命运，稻盛先生用自己的前半生证明了这一点。

稻盛先生回忆，在结核病幸运地痊愈之后，他又屡遭挫折与失败。他曾报考大阪大学医学系，结果落榜。只好进入了较晚举办升学考试的鹿儿岛大学工学系应用化学专业学习有机化学。他毕业后也很不走运，恰逢日本因朝鲜战争而社会需求大幅下滑、经济极不景气的高峰期，没关系、没门路的他迟迟找不到工作。稻盛先生情绪低落，一度想着："既然社会这么不公，反正也找不到正经工作，干脆去当一名有知识、有文化的黑帮分子好了。"（《稻盛和夫自传》）

最后，在大学教授的推荐下，他进入了前面介绍过的松风工业公司。但是，松风工业是一家做绝缘瓷瓶的厂商，那属于无机化学的领域，想要的是研究陶瓷的学生。所以，稻盛先生急忙找到无机化学的教授，学习了半年，写了一篇关于黏土研究的毕业论文。

然而他进入公司之后才发现，这家企业工资迟发是家常便饭，处于随时都可能倒闭的状态。一同进入公司的伙伴们相继辞职离开。

最后，只剩下他孤零零一个人，进退维谷。这时，他的心态反而发生了 180 度的大转变，发誓不再为自己倒霉的人生悲叹，而是全身心投入到眼前的工作中去。

就像前面讲过的那样，稻盛先生干脆将锅碗瓢盆搬到研究室里，住在那里，潜心做实验。这一心态的变化如实地反映在他的工作上。他接连取得成果，公司内部对他的评价也变高了。得到了表扬，稻盛先生感受到工作的快乐，对工作越发热衷起来。

这时，稻盛先生的研究取得了成果，他成功地合成了"镁橄榄石"这一新陶瓷材料，这在当时的日本尚属首次，在世界上也是名列第二的壮举。当年电视机正开始普及，这一研究成果后来被用于制造电视机显像管中电子枪的 U 字形绝缘体。不久，公司得到了大量订单。

回顾当年，稻盛先生是这样说的："因为这个研究成果，周

鹿儿岛大学时期，稻盛先生（前排右）和工学系的同学们在一起（供图：稻盛资料馆）

围对我的评价也猛然变高了。我不再介意工资迟发之类的事，对工作产生了浓厚的兴趣，甚至开始感受到了人生的价值。顺便还积累了技术和成绩，为后来创办京瓷打下了扎实的基础。"（《活法》）

假设当初他一味地和一同进公司的同事们凑在一起发牢骚，很快选择辞职，大概就不会有今天的成功。一直以来都不尽如人意的人生之所以能好转，靠的正是稻盛先生心态的转变，进一步说，靠的是他对现实及社会的思维方式的转变。反过来说，正是稻盛先生早前的心态和思维方式招致了他过去的不幸。

稻盛先生说，正因为有了这样的体验，他才确信自己的意志可以左右命运的好坏。

053

工作的喜悦

工作的乐趣潜藏在超越困难的过程之中。

《**活法**》(SUNMARK 出版社)

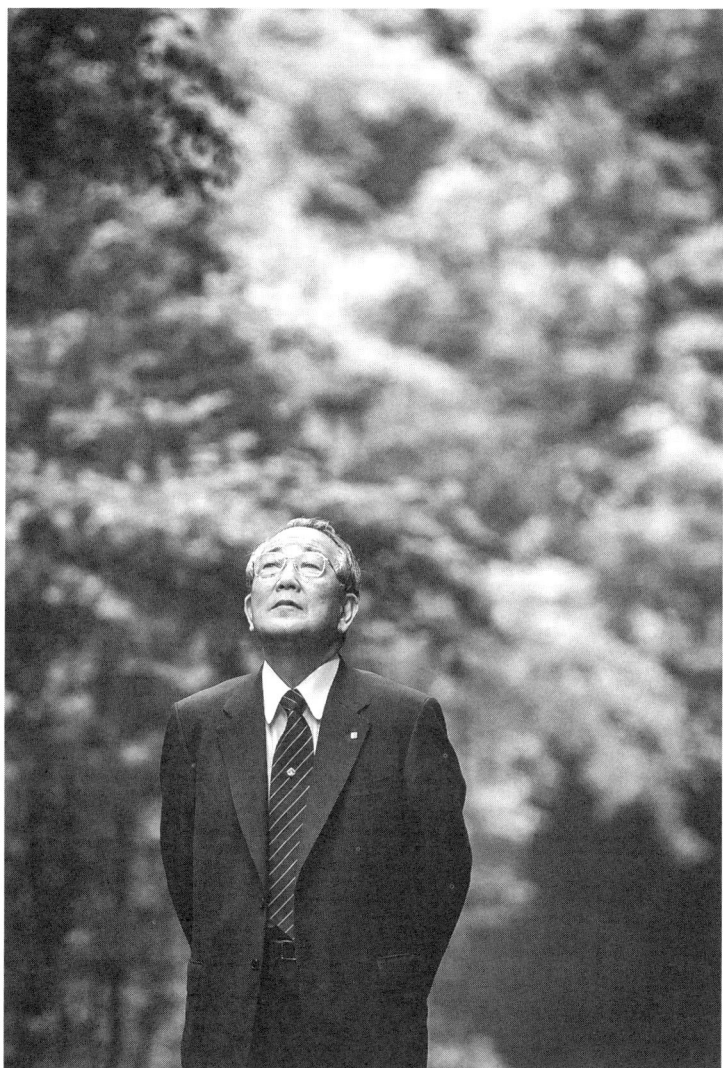

稲盛先生在鹿儿岛城山（摄影：菅野胜男）

工作改变人

近些年，在日本既不做家务，也不上学，更不打算找工作的年轻人（15 岁到 34 岁）被称为"啃老族"。"啃老"现象在日本已经成为一个社会问题。

根据日本厚生劳动省调查，据 2002—2014 年的统计数据，日本的"啃老族"已超过 60 万人。另外，还有调查显示，正处于工作黄金年龄的 20—49 岁的日本国民当中，有大约 32 万个家庭拥有"窝里蹲"成员。

"啃老""窝里蹲"现象的形成原因或许因人而异。但是，不想工作的风气在当前日渐盛行，这也是一个不争的事实。尽量多留私人时间、强调应该度过充实的闲暇时光的论调甚嚣尘上。但是，真正令人生充实的，并不是随心所欲地休闲、享受娱乐或爱好，而正应该是拼命工作。换言之，就是"勤奋"。勤奋工作能丰富人的精神生活，培养人厚重的品格。

工作并不像兴趣爱好或娱乐那么轻松，必须经受长时间的反复努力，付出十足的辛劳。但是，在辛苦之后获得的喜悦却无比珍贵，是兴趣爱好或娱乐的快乐所无法比拟的。一个人拼命工作、克服苦难后获得的成就感，是任何东西都无法取代的财富。

今天的年轻人厌恶工作的风气日盛，原因是他们并不了解工作的成就感和喜悦感。这种缺乏成就体验的人在自己的人生中学不到任何东西，即使这么说也不为过吧。

正因为工作能带来这种成就感，它将激发更强烈的追求成就的欲望，促使人进一步埋头钻研。正是在这种钻研创新的瞬间，人才会产生活在当下的感受，以及满怀人生喜悦的充实感。

古希腊哲学家亚里士多德有一句格言："工作的快乐催生完美的工作。"假如工作给人带来的只是痛苦，那么它是不完美的。只有感受到工作的喜悦，工作才具备意义，这个人的人生也才能随之充实起来。

重要的是，全力以赴地投入眼前的工作。人能够通过工作实现自我变革。全身心地投入工作，将使这个人的命运得以开拓。

054

劳动即修行

我认为，把工作仅仅当成获取生活食粮的物质手段也是错误的。

《**活法**》(SUNMARK 出版社)

稲盛先生在松山市化缘（摄影：菅野胜男）

工作是为了磨砺心志

正如上节所述，一个人通过工作能培养起丰富的精神世界和深厚的人格修养。从这一点来说，劳动就是一种"修行"。

一般来说，劳动被视为获得报酬、养活家人的手段，但实际并不止于此，一个人还能通过劳动塑造自我。假如把劳动当作修行，或许就可以说，我们正是通过劳动才能自我实现。举个例子，请看看禅宗的禅修。在日本，在寺庙中禅修的和尚被称为"云水僧"。在禅寺中，云水僧不仅要打坐，还要从事做饭、打扫庭院等一切日常劳作。在禅宗当中，这些日常劳作是不亚于打坐的禅修方法。也就是说，一心一意地从事日常生活中的劳动和通过打坐达到身心合一，两者其实并没有本质上的差别。

可以说，这明确地体现了劳动就是修行。禅宗主张，通过每天这样的劳动同样能达至开悟的境界。

开悟就是心性得以提升、灵魂得到磨炼的最高境界。佛教认为，要想开悟，就必须修行"六波罗蜜"这六项法门。

　　简单地说，"六波罗蜜"就是布施、持戒、忍辱、精进、禅定、智慧六种修行方法。第一是布施，指为社会、为世人尽力，也就是持有利他之心。第二是持戒，讲的是不做坏事、遵守戒律的重要性，意思是为了远离前面提到的贪婪、愚痴、愤怒三毒，需要抑制烦恼和欲望。第三是忍辱，就是不向困难或苦难屈服，即忍耐。第四是精进，就是做任何事都全力以赴，也就是指勤奋。第五是禅定，就是脱离忙碌的日常，将精神集中在一点之上，让动荡迷乱之心沉静下来，得到协调休整。第六是智慧，意指通过前五项的修行而感悟的真理。达至真理，即抵达了开悟之境。

　　"六波罗蜜"虽是佛教教义及修行法门，但并非与我们的生活毫无关系。我们通过实践"六波罗蜜"，能磨炼自己的心性。反过来说，只要这样去用心，工作态度、工作方法就会改变，人生也会逐渐发生变化。

055

利他精神

步入社会之后还一味地想让别人关照自己，这种心态是不行的。

《**活法**》（ SUNMARK 出版社 ）

为了对世界做出贡献

稻盛先生创业第三年，一群高中毕业的员工要求改善待遇，强硬地提交了"要求书"。这一变故成为一个契机，让稻盛先生重新审视了企业的目的。年轻员工将自己的一生都托付给了企业，如果是这样，经营企业的目的就不能是利己的。经过这样的反省，稻盛先生确立了以贯彻利他精神为主旨的企业理念。

1981年，京瓷在陶瓷行业上的功绩得到了认可，被授予了"伴纪念奖"。这成为一个契机，让稻盛先生进一步意识到利他的重要性。

"伴纪念奖"是东京理科大学伴五纪教授（当时）创办的奖项，旨在表彰在技术研发领域做出贡献的人士。

伴教授一生获得过2400个专利，是多种产品的研发第一人，为日本产业的发展贡献了全部力量。

伴教授有一个"知识矿脉"论。

地下矿脉，即天然资源，是有限的，而且日本几乎没有。但取而代之的是，日本有"知识矿脉"，而且这种"矿脉"是无穷无尽的。

然而，这些知识如果不被挖掘，而一直以"矿脉"的形态存在，就不会产生任何价值。日本人只有挖掘出"知识矿脉"这唯一的财富，才能赢得全世界的尊敬和感念。

基于这个理念，伴教授放弃了自己获得专利所产生的专利费，将其用于表彰。

身为科研人员、发明家，伴教授亦是一位特立独行的人物。他说："物品制造和形形色色的人有着密不可分的关系。商品设计若不充分考虑人的因素，就不会受欢迎。因为商品是人创造的、人生产的、人销售的，最终由人使用，所以需要对人进行全面、综合的研究。"因此，只要有时间，他一天会去好几次咖啡厅，听别人交谈。他研发的产品全都大受欢迎。

稻盛先生起初因为获奖而感到欣喜。但是，通过这个奖项，他接触到了伴教授的人格，受到了巨大的震撼。他的想法开始改变：自己难道不是应该站在颁奖者而不是领奖者的位置吗？

结束带广市的演讲会后，捣糯米的稻盛先生（供图：稻盛资料馆）

143

于是，稻盛先生找到自己的好友、京都大学矢野畅教授，商讨表彰事业的事宜。矢野教授听后大为支持："太好了。既然要做，就要做成像诺贝尔奖一样的国际性奖项。"当时的京瓷副社长、前能源厅厅长官森山信吾也认为"善事宜早不宜迟，赶紧成立财团"，率先行动起来。

就这样，京都奖于1985年成立了。稻盛先生拿出个人财产成立稻盛财团，在尖端技术、基础科学及思想艺术等各个领域选出有杰出贡献的人给予表彰，以彰显其功劳。这个奖项一直延续到今天。

056

关键在哲学

是否拥有正确的思维方式，也就是高尚的人生哲学，人生将会迥然不同。

《提高心性　拓展经营》（ PHP 研究所 ）

确立哲学

人生会因为思维方式的不同而迥然不同。按照因果法则，思善行善，即使命运多舛，人生也会好转。从这个意义上来说，一个人的活法会因其所抱持的思维方式的不同而发生巨大的改变。

稻盛先生说，思维方式，说得更进一步，就是哲学，是人生必不可少的要素。本章所阐述的、从稻盛先生的前半生中选取的几个小故事均说明了这一点。一个人的态度和做事方式会因为思维方式而发生改变，同时还会波及四周，对周围的环境产生影响，甚至能让现实发生 180 度的转变。这是稻盛先生的亲身经历，不是纸上谈兵，而是经过了实际经验的证实。应该说，这就是活的哲学。

从一介技术人员成长为企业经营者时，稻盛先生认识到，企业的大小取决于经营者的气量。精通财务会计和技术固然重要，但是，"如果我自身缺乏正确的思想和出色的人生观，就绝对无法让别人追随。要想将企业经营得有声有色，经营者必须提高自己的思想水平、人生观以及哲学境界"（《京瓷哲学》）。于是，他下决心把哲学作为根本。员工教育或许包含了各种各样的技术和方法论的辅导，但对企业而言，最重要的是如何共有优秀的思维方式。1994 年，在纪念京瓷株式会社成立 35 周年之际，稻盛先生总结了京瓷的经营哲学，制作了《京瓷哲学手册》，并派发给员工。在《京瓷哲学手册》的开头，稻盛先生这么讲道："我决心将人心作为根本来经营企业。如果说，最容易动摇、最难把握的是人心，那么，一旦相互信任，心心相连，最坚牢、最可靠的还是人心……京瓷哲学是实践所得的人生哲学，其根本在于'人应该拥有正确的人生态度'。只要在人生中秉持这样的活法，每个人都会幸福，企业也能持续繁荣。我不断向员工们阐述这个道理。正是因为员工们对这样的思维方式产生了共鸣，相信了人的无限可能，无止境地持续付出努力，才有了京瓷今天的发展。"（《京瓷哲学》）

可以说，正是因为以这样的哲学为根基开展经营，实现了全员参与的经营，才有了京瓷今天的发展与繁荣。

稻盛先生在着手重建日航时，第一步就是对以经营层为首的

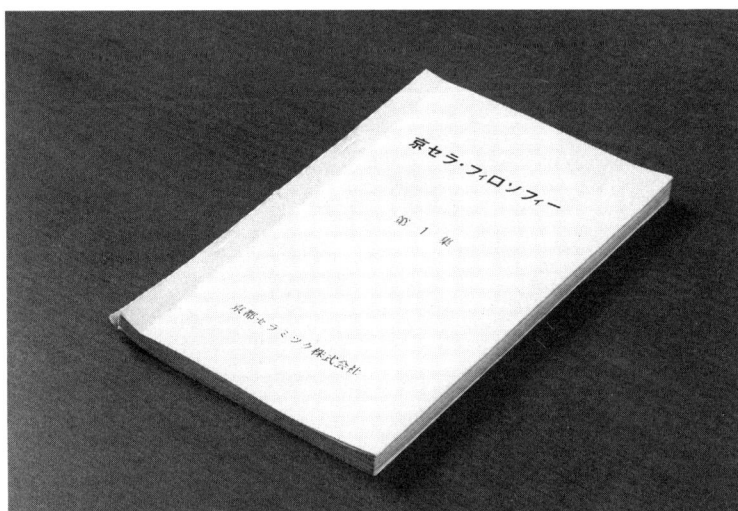

1967年12月发布的《京瓷哲学・第1集》（供图：宝岛社）

全体员工进行意识改革。在意识改革的过程中，日航以《京瓷哲学手册》为范本，制作了有 40 个条目的《日航哲学手册》，将其作为整个集团共通的价值观。因为日航员工时刻将"日航哲学"铭记在心，并将其付诸实践，所以日航才能在重建成功后仍旧保持正确的经营方向，直到今天。这么说也不为过。

不管是人生还是工作，重要的是思维方式，是哲学。

057—058

成就新事业

不心存依赖，就是自由。不是依赖他人，而是依靠自己。

如果因为什么都没有而认为做不到，那么就绝对不可能开拓新事业。

《*提高心性　拓展经营*》(PHP 研究所)

稻盛先生在故乡鹿儿岛城山（摄影：菅野胜男）

"无赖汉"

不仅是经营，无论是做学问还是从事艺术和科学，若想做出某项新成就，我们应该怎么做呢？

挑战前人未曾做过的事，要产生这样的创造性，就不能遵循前例，否则就无法成功。想要成就新事业，必将经受各种苦难。但是，重要的是沿着自己认为正确的而且是以强烈的愿望所描绘的道路勇往直前，坚持到底，绝不妥协。

稻盛先生说"必须具备某种'无赖'精神"。说起"无赖"，很容易使人联想起粗鄙、旁若无人、无法无天的人物形象。第二次世界大战后的日本，战争时期的价值观猛然崩塌，一帮对既有价值观持怀疑精神的文学家大放异彩，被称为"无赖派"。其代表人物太宰治、檀一雄、坂口安吾等，将文学原有的"不依赖任何东西"的无赖精神发挥得淋漓尽致。但是，一般人只关注他们那些前所未有的逸事，并没有正确理解"无赖"的深意。

无赖，就是不依赖比自己强大的人或事物，认识到除了自己，其他无可依靠，然后通过不断向自己内在探求，让真正的创造成为可能。前面阐述过自己认为正确的、强烈向往的道路，在这里特别要强调的是"强烈向往"这一点。在开始挑战某项新事业时，人容易出现"因为没有这个或那个"的心态，往往一拖再拖，迟迟不肯迈出第一步。但是，挑战新事物，或是从事谁都没有做过的事业时，因为本来就没有前例可循，所以起步阶段一无所有是理所当然的。

即便如此，也无论如何都想要实现。如果愿望如此强烈，就会去思考如何才能实现，就会透彻地、具体地思考所需的人才、技术、资金、设备以及如何调配这些资源。对于心中强烈的愿望和梦想，只有透彻思考到每个细节，目标才能够实现。这时，能依靠的只有自己。或许周围的人会问："有胜算吗？"或许还有人出于好意劝你停下脚步。但是，成就新事业这件事本身就是孤独的。如果顾虑周围人的担心，因他人的担忧而止步，就无法成就新事业。与别人的担忧相比，更为重要的是自身的强烈愿望及思维方式。

059

戒私

我认为，在独处之时，不由自主脱口而出的这些话，有利于我进行
自诫。

《成功与失败法则》（致知出版社）

"不像话！"和"你这个笨蛋！"

正如前面所述，稻盛先生早晨洗漱时，如果前一天自己的言行有任性忘形、让自己无法接受之处，他便会骂镜中的自己："不像话！""你这个笨蛋！"此外，当他回到家或宾馆房间，入睡前也会忍不住脱口而出"神啊，对不起"这句反省的话。

金无足赤，人无完人，任何人都会犯错。

然而，每当犯错时，都要坦诚反省，拼命努力不再犯相同的错误，只有这样才能磨炼自己的人格。

回顾自身的言谈举止，不断反省，就是改善自己的"思维方式"，修正自己的思想。每天反省，就能戒除利己的思想，提高人格品质。

060

企业经营需要的是德

我认为，在企业经营中也是一样，如果想要打造长期持续繁荣的企业，经营者除了以"德"治企，没有其他道路。

《**成功与失败法则**》（致知出版社）

为对方考虑的、以德为基础的经营

但凡是经营企业，谁都会希望自己的企业能尽可能业绩优良，长盛不衰。为此，经营者要不停地去探索各种方法，比如通过从事新事业激活内部团队，或是通过 M&A（企业合并、并购）扩大企业规模，等等。

然而，稻盛先生说过，要想让企业真正长久兴旺，持续繁荣，必须将"德"作为经营的基础。所谓德，就是一颗追求正确为人之道的心灵。

德，原本是中国传入日本的道理之一。自古以来，中国用"仁""义""礼"这三个字表现人的德行。"仁"就是关爱他人，"义"就是符合情理，"礼"就是懂得礼节。一个人具备了"仁""义""礼"这三项，才能被称作有德之人。所谓"德治"，无他，就是以崇高的人格治理团队。

"德"这个概念，可追溯至中国的春秋战国时期。那是一个以孔子为首的诸子百家圣贤们讲述"人格之道"的时代。当时天下大乱，各国频繁改朝换代，此兴彼亡。那是一个人心荒废的时代。人心之乱，意味着只顾自己的人增多，而"德"，就是为了劝诫这些人而产生的道理。

　　前面说过，德是从中国传入日本的。纵观今日东亚态势，中日关系的恶化不仅体现在政治经济上，甚至在我们的日常生活上也投下了阴影。如今，中国经济高速发展，超越日本，成为GDP世界第二的经济大国。稻盛先生曾多次造访中国，向中国企业家们讲述基于"德"的经营哲学。他说，一位中国企业家说出如下感想："我们也知道《论语》之类古代圣贤留下的深奥名言，但是我们只觉得那是墙上的装饰，和自己没有关系，也无法用在生活上。然而，您让这些圣贤思想在现代复苏，并用平易近人的语言将其阐述。"（《燃烧的斗魂》）在当前的中国社会，利己主义蔓延，产生了很多社会问题，"德"的这一价值观须被重视。

　　这说明，在经济高速发展的中国，企业家们正在意识到，利己经营的企业难以长久兴旺繁荣。

　　现在，中国是世界上经济发展最为显著的国家，而"德"在中国的回归十分富有启示意义。

倾注灵魂讲话的稻盛先生（摄影：菅野胜男）

靠着利己的做法突飞猛进的企业，只会在语言、文化不同的世界中令人大皱眉头。因此，时代要求企业必须换位思考，展开以"德"为本的经营。

这一事实告诉我们，在全球化不断进展的世界经济中，日本企业应该如何大展拳脚。

061

人格重于才干

凡位居人上者，人格比才干更重要。越是才能出众的人，往往越容易成为才能的奴隶。因此，需要控制才能，使这种非同寻常的力量不至于用在错误的方向上。

《活法》（SUNMARK 出版社）

爱己为最不善

上一节阐述了企业必须"德治"。这里的"德"，简单地说，就是一颗正确的做人之心。稻盛先生将"作为人，何谓正确"作为企业经营的原理原则和判断基准，表达的也是同一个道理。是否拥有正确的思维方式，决定了经营者是否能将自身能力和热情用在正确的方向上。

往往有经营者误以为企业能够成功上市及发展到今天的规模，全部归功于自己的才干。这种人满脑子都是这样的想法："企业发展壮大都是我的功劳，我应该得到对等的回报。所以，我发大财是理所应当的。"根本不考虑回报员工，一个人独占庞大的资本红利，肆意挥霍——这样的经营者不在少数。在电视节目中常有展示大富豪豪宅的特别节目，体现了经营者对这个问题的巨大的错误理解。如果拥有出众的才干，经营者就应该试着去思考"为什么我会被赋予这种才能"。

稻盛先生说:"应该将才能视作上天赐予的资质,其目的是为了让领导者带领集体走向幸福。"(《坚守底线》)

拥有出色才能的人,或是位居上位之人绝不能只顾自己。就像前面提到的炫耀财富的大富豪一般,优先考虑一己私利的人,是无法吸引他人追随的。

稻盛先生尊敬的明治三杰之一西乡隆盛在遗训中这么阐述:"爱己为最不善也。修业无果,诸事难成,改过不得,居功自傲,皆因爱己起。故不可偏私爱己也。"(遗训第 26 则)

换言之,"爱自己,即只顾自己顺心而从不顾他人,这种私心是最不好的。修业无果,事业无成,不思悔改,这都是因为居功自傲,过分爱己而导致。所以绝不能做这种自私自利的事"。

另外,遗训第 30 则还讲道:"不惜命,不图名,不为官位钱财之人,难于应付。然无此难应付者共患难,国之大业不得成。"

不惜性命,不图名誉、地位和金钱,只有这种抛却私心的人物才能成大事。

不被私利、私欲牵着鼻子走,要拥有无私的心。

居于人之上者,即领导者,是否无私,决定了他能否看清大势。

稻盛先生在稻盛财团，墙上挂着的是历届京都奖获奖者的相片（摄影：菅野胜男）

成就伟业的优秀领导者都是无私的人，从不被愚蠢的私心左右。

　　西乡隆盛也是这样的人物，因此直至今天，他仍然能被众人仰慕，受人尊敬。

062

"想要工作"的强烈愿望

"无论如何都想从事这份工作"，这种愿望就像决堤的洪水，驱使人立即
行动。

《提高心性　拓展经营》（ PHP 研究所 ）

燃烧的斗魂

愿望越强烈，思考的事越容易成为现实。这已经被历史验证过了。

譬如，日本在第二次世界大战后满目疮痍，而极少数领导者带领他们的追随者实现了经济复苏。这是因为在松下幸之助、本田宗一郎以及井深大等绝顶高手级别的企业家们的内心深处，均抱持着"无论如何都想挑战这个事业"的强烈愿望。

稻盛先生将其形容为"燃烧的斗魂"。第二次世界大战后，日本企业家们凭着这"燃烧的斗魂"，引领企业实现了日本经济的高速成长。

稻盛先生创办京瓷不久，就参加了本田宗一郎先生的经营讲座。

提起本田先生，他从经营一家小小的自行车修理工厂起步，成为在一代内便构筑了日本代表性企业的创始人物。年轻时他的个性非常粗暴。据说，如果在现场看到工作人员稍有马虎，他就立刻报以老拳。另外，在年轻时，他也以豪爽著称。他曾毫不忌讳地公然宣称："我想要赚钱所以才当社长，为什么要钱，是为了尽情地玩乐啊。"

稻盛先生当时参加的经营讲座在一家温泉旅馆举行，为期三天两晚。听课费要好几万日元，这在当时可是一笔不小的费用。稻盛先生无论如何都想直接听听本田宗一郎先生本人的讲话，于是不顾周围人的反对，参加了讲座。

参会者泡了温泉，换上浴衣，在大客间里等候本田先生的到来。不久，本田先生出现了，他大概是从滨松工厂直接赶来的，身上还穿着沾满油渍的工作服。看见这些穿着浴衣的参会者，他开口便是一通怒喝（《燃烧的斗魂》）。

"各位到底来这里干什么？你们似乎是来学经营的，既然有这种闲工夫，还不如快点回自己公司里去干活。泡泡温泉、吃吃喝喝，这样根本不可能学会经营。我不曾向任何人学习经营，却依然能经营好企业，这就是证明。你们要做的只有一件事，就是赶紧回公司工作！"

"哪里有花高昂的学费专程来学习经营的傻瓜？"虽然被一

顿臭骂，但稻盛先生反而更被本田先生的人格所吸引，他产生了强烈的冲动："好，我也赶紧回公司工作吧。"

稻盛先生正是持续怀抱着"燃烧的斗魂"一般的强烈愿望，投身于企业经营的。

5 年后自己的企业会变成这样，10 年后自己的企业会变成这样，这种想象已经被鲜明地刻画在他的脑海里。

而且，稻盛先生说，他看到的这些图景还是彩色的。也就是说，稻盛先生成功地在头脑中描绘了和现实分毫不差的图景。只有持续怀抱这般强烈的愿望，事业才会成功。

稻盛先生在盛和塾恳亲会上真诚地回答塾生的问题（供图：稻盛资料馆）

063—065

为了实现梦想

从"不可能"的起点出发，以拼死之心持续努力，直到神灵也出手相助，事情圆满完成。最初的"轻诺"催生了活生生的实绩。

《**活法**》（SUNMARK 出版社）

想要成就事业，首先要思考"要这样""必须这样"，而且愿望要比谁都强烈，要达到燃烧的程度，这比什么都重要。

《**活法**》（SUNMARK 出版社）

总是积极向上；有建设性；有感恩心；有协调性、善于与人共事；性格开朗、对事物持肯定态度；充满善意，有同情心、关爱心；勤奋；知足；不自私、不贪欲……

《**提高心性　拓展经营**》（PHP 研究所）

透彻思考，彻底反省

本章讲述的是，为了成就某项事业，或是让现实发生好转，持有怎样的思维方式至关重要。

持续怀抱足以被称为"燃烧的斗魂"的强烈愿望，绞尽脑汁，透彻思考，直到想无可想的地步，然后做好所有该做的事。拼命努力，努力到最后神都出手相助的地步。只有这样，梦想才能成为现实。

但是，强烈的愿望往往会向着极端利己、一意孤行的方向发展。所以，我们平时需要多告诫自己，不可利己。每日反省，这非常重要。

稻盛先生虽然拥有比任何人都坚强的意志，平素却遵循"作为人，何谓正确"的原理原则，每天反省。正因为以这样的"德"去驾驭"燃烧的斗魂"，才能使梦想变为现实。

第四章

成功与失败

成功と失败

066

付出不亚于任何人的努力

认为已经无能为力了！已经黔驴技穷了！这不过是前进过程中的一个时点。坚韧不拔，使出浑身解数，绝对能成功。

《**活法**》(SUNMARK 出版社)

以最高时速跑完42.195千米

常言道："火灾现场有神力。"人们平时不知不觉地限制了自身的力量。人本身就已具备，但在日常生活中没有表现出来的力量叫作潜力，分子生物学家村上和雄（筑波大学名誉教授）基于自身的专业见地，对这一点进行了简要的解说。

平时，我们无法发挥出潜力。只有在遭受危险，处于极限的状态下，我们的潜力才能被发挥出来。这种发挥潜力的基因功能平常是关闭的。反过来说，只有将这个开关拨到"开"的状态，我们才能激发潜能，在平时发挥出"火灾现场的神力"。那么，如何将潜能的开关拨到"开"的状态呢？

据他所说，在这方面，正向思想、积极的想法、乐观进取的精神和心态能发挥出巨大的作用。也就是说，就像上一章所提及的那样，强烈的愿望，即乐观积极的思维方式，是在基因层面发

1963年，最早的自有工厂设立。在工厂后院稻盛先生（图右）和员工在一起（供图：稻盛资料馆）

挥作用的。

京瓷成立不过短短 10 年就得以上市，原因无他，就是稻盛先生及其率领的所有员工挑战极限、激发自身潜能、超越自我的结果。

无论面对多么困难的订货需求，他都会回答"好的，我们能做"，从而接下业务。相信自身未来的可能性，果敢挑战超越当前自身技术水平的研发项目，殚精竭虑，拼命完成，成功交货。结果京瓷在精密陶瓷领域成为世界第一的企业，并且以该技术为核心进行多元化发展，成长壮大为今日销售额近 2 万亿日元的大型企业。

这正是全体成员用心工作、付出不亚于任何人努力的结果。

如果用跑马拉松来比喻，无论在起点被别人拉开多大距离，都要全速奔跑。在这个过程中，据说有员工提出了疑问："用这么快的节奏持续奔跑，能坚持到最后吗？"这时，稻盛先生是这样开导员工的——

"日本在第二次世界大战后开始了经营竞赛，也就是企业马拉松比赛。京瓷参赛时已经比别人落后了一圈。这场争夺战后日本产业界霸权的竞赛从 1945 年就开始了，而我们在 1959 年创业后才开始加入，已经比别的企业晚了 14 年。如果用距离来比喻，我们比前面领先的集团已经落后了 14 千米。尽管彼此有这么大的差距，但我们仍然不得不在 42.195 千米的赛程内与他人一决胜负。一开始就已落后了 14 千米的距离，再加上我们不是一流企业，而是中小企业，如果还慢悠悠地跑，就连跟别人一较高下的资格都没有了。所以，不管怎样，我们先要以最高速度跑起来。"

此后，仅用了短短 10 年时间，京瓷就在大阪证券交易所二部上市，3 年后又在东证一部上市，以闪电般的速度连创佳绩。在一部上市后的第二年，京瓷一举超越索尼，创造出股票价格日本第一的辉煌成绩。

不进行自我设限，在此基础上，持续付出不亚于任何人的努力，可以说，这就是成功的秘诀。

爱上工作

喜欢就是最大的动力。意愿、勤奋乃至成功，这一切都源于"喜欢"这个母体。

无论哪个领域，成功人士都热爱乃至迷恋自己的工作。

《**活法**》（SUNMARK 出版社）

抱着自己制造的产品睡觉

说起强烈的愿望，打个比方，恋爱中的人常常会满不在乎地做出令人哑口无言的惊人举动，有过恋爱经历的人应该对此有切身体会。工作也一样，对于爱上工作的人来说，不管工作多么辛苦，都能够忍受。

在"The Blue Hearts""The Hight-lows""The Cro-magnons"等各大摇滚乐队中大放异彩、大受年轻人欢迎的摇滚歌手甲本浩人，当别人问他"这份工作做得是否很开心"时，他说："开心不等于轻松。其实，开心和轻松正好是两个相反的极端。假如想做开心的工作，就不能图轻松。"不管走上哪条道路，要想成为专业人士，都很不容易。尽管如此，也想要从事这项工作，发自内心地喜欢它，只要有这样强烈的情感，那么不管多么辛劳，从投入工作的那一瞬间开始，人就会因为喜欢而感到快乐。但是，由于个中辛苦不会减少一分一毫，肯定谈不上轻松。所以，假如贪图安逸，选择轻松的工作，就会与"喜欢"渐行渐远。

稻盛先生也是如此，对于自己喜欢的工作，他不辞辛苦，怎么干都干不厌。他认为，只要坚持努力，大多数事情都能成功，所以他对工作热衷到"抱着产品睡"的地步。这是稻盛先生在创办京瓷不久后发生的故事。

当时，稻盛先生接到了一个复合式水冷水管的制造订单，这个产品将被用于冷却播放设备的真空管。但是，当时京瓷只制作过小型产品，从未做过复合式水冷水管这么大的产品。而且，该水管构造复杂，在大水管中套着小的冷却管。当时京瓷既没有制造该类产品的经验，又没有生产设备。但稻盛先生被对方的热情打动，最终点头，回答"能做"，将这个订单接了下来。既然接下了订单，就不能对客户食言。水管原料和普通陶瓷一样，都是黏土。由于尺寸过大，以当年的技术，要想使产品均匀干燥，可谓极其困难。无论怎么干燥都不均匀，最后总是出现裂痕等问题，导致一次又一次的失败。另外，如果干燥时间过长，因为尺寸过大，产品会因为自重而发生变形等问题。最后在反复试错的过程中，稻盛先生决定抱着这根水管睡觉。他在炉子附近找了一个温度适合的场所，躺在那里，轻轻地抱着水管，整个夜晚慢慢转动，防止它出现变形。他就试着用这个方法烘干水管。稻盛先生回忆，那时的他"想方设法要让这个产品长大成人"，仿若一位期望孩子成长的父亲。

结果复合式水冷水管被成功制造出来，京瓷顺利地完成了订单任务。

"抱着自己制造的产品睡觉"——我们是否能带着这样的爱去工作？当一个人爱上了工作，那么即便面对难题，也会不辞辛苦，奋发迎战，最终获得成功，工作的醍醐之味就存在于这些地方。当彻底爱上工作时，成功的荣耀就会在前面等着你。

稲盛先生在京瓷株式会社成立10周年纪念仪式上。这一年（1969年），京瓷成功研发出半导体专用的叠层陶瓷封装，企业规模迅速扩大（供图：稻盛资料馆）

抱持信念

缺乏信念、一味迎合部下的上司，绝对无法帮助年轻人成长。虽然年轻人会感到轻松，但轻松舒适会宠坏他们。

在工作这一修罗场中，能取得新成就的人，都是能够相信自身可能性的人。

《**提高心性　拓展经营**》(PHP 研究所)

大善与小善

佛教中有大善、小善的说法。

世上没有不疼爱孩子的父母。然而，父母一旦溺爱孩子，就会耽误孩子的成长，使他偏离人生轨道。相反，正如老话所说的"爱孩子就应该让他远行"，严格教育孩子才是真正的爱。这样孩子们才能成长，走上美好的人生道路。

所以，前者是小善，后者是大善。这可以用"小善似大恶，大善似无情"来表达。

假设有两个领导，一个心地善良，经常对下属言听计从，尽可能地照顾下属，给下属提供方便；另一个经常狠狠地训斥下属。站在下属的立场上，必定讨厌那个说话不好听的领导，不少人都喜欢前面那个既亲切又通情达理的领导吧。但是，从长远来看，后面那个严厉的上司经常将下属逼到极限，反而能训练下属，激发他们真正的力量。这么一来，下属得到了锻炼，就能有巨大的成长。

事实上，训斥别人是非常困难、需要能量的行为。因为，训斥可不是宣泄怒气。抱持信念，为了使员工尽可能地成长，努力严格地指出员工的错误，这才是大善，是真正的爱。

办公室暴力近来逐渐成为一个社会问题。这是因为领导者缺乏类似的信念，缺乏成就下属的大善之心，只顾宣泄自身怒气，胡乱骂人。

希望领导者都能持有育人的信念，看清部下真正需要的是什么。

1982年，京瓷的经营方针发表会后的动员空巴[1]（供图：稻盛资料馆）

1　动员空巴，京瓷特有的酒话会，以团结全员、敞开心扉交流为目的。

人生就是心想事成

心怀善念，人生就会走向美好；心怀恶念，人生就会走向衰败。这个宇宙中存在着这样的法则。

正因为我们有"事不遂愿就是人生"的想法，才导致了"事不遂愿"的结果。所以，不如意的人生，就产生于当事人自己的消极想法。

闭上眼睛想象成功的景象，如果它在你的头脑里能形成清晰的、符合逻辑的印象，那么你就一定能成功，你的愿望就一定能实现。

"乐观构思，悲观计划，乐观实行"，这是成就事业、变理想为现实时必需的态度。

《活法》（SUNMARK 出版社）

"强烈的愿望"是成功的条件

前面列举的稻盛先生的话，每一条都强调了"愿望"的重要性。

"人生将按照一个人心中想象的模样呈现。强烈的愿望将变成现实，这就是宇宙的法则。"可以说，这一思想贯穿于稻盛先生人生哲学的根枝。

如果你真的想让自己的人生越来越好，并赢得成功，那么就必须强烈、具体地将其在脑海中描绘。如果能够想象出来，那么剩下的只是付诸实施了。

075

大商之道在于诚

经商就是累积信用。信任自己的客人增加了，赚得的钱自然会更多。

《**提高心性　拓展经营**》(PHP 研究所)

学习京都生意经

归根到底，商业是人与人的一个交往行为。如果这中间没有信誉，那么无论制作出多么方便的商品，企业也迟早会没有立身之地。

稻盛先生住在京都，那里的人有自己独特的一套经商方法，被称为"京都生意经"。那是京都老店代代相传的商业模式。

京都的酱菜店全国有名。其中有一家老店，一天只开封两桶酱菜。每天早上，顾客都在店门口排起长长的队伍，场面颇为壮观。但是，这家店铺一旦卖光一天的定量，就不顾门前依然排队的顾客，关闭店门停止营业。他们对顾客说"想买的人请明天再来"，要求顾客们次日再光临。尽管顾客有需求，但他们绝不增加制作酱菜的量。这是因为一旦大批量制作酱菜，其味道就会发生变化。匠人们精心制作的酱菜只够每日销售两桶。他们根据当时的气候、材料的状况等各种条件，精心调整酱菜的咸淡。由于彻底贯彻了品质管理，这家店产生了独一无二的附加价值。倾注匠魂的匠人一日能做的酱菜当然有限，为了保证传统味道和高品质，他们对产量和销量都进行自我控制。类似的努力经常能在京都老酱菜店看到。正因如此，他们才能做出量产产品无法比拟的独特风味，产品才会大受欢迎。

越是在视大量生产、大量消费为理所应当的当今社会，这种自我控制产销量，坚持维持高品质的产品制作模式才越是传统"守护家业"的方法。今天，由于互联网的普及，只要一个点击，产品就可以在当天或次日被送到我们手里。这已经是极为寻常的现象。然而，在这样的时代，这些老店销售的产品即使排队也买不到。从京都生意经中可以感受到一种信念，即他们相信，正是因为拥有了值得客户信赖的口味与品质，产品才能热销。比大量生产来说，更为重要的是，"保证产品品质，以不负客户的信赖"。

事实上，有一位在冈山制作芝士的农民吉田全作先生，他将京都生意经用于实际工作。吉田先生放弃了打工族的生活，开始自学制作芝士。因为极度在意品质，他甚至自己生产芝士的原料——牛奶。吉田牧场的芝士因其美味而名扬日本，但他为了保证品质，坚持以家族经营的规模生产，绝不走批量化生产的路线。销售渠道除了在店铺销售外，只接受电话、传真的通信方式购买，绝不在网上销售。当然，他的芝士品质之所以能得到大众的认可，离不开他从零开始自学，直至最终制造出合格产品这一过程中的种种艰辛。吉田先生所著的《吉田牧场——牛、大地与奶酪的 25 年》中有这么一句话："在迷茫的时候选择较为艰苦的道路……或许看起来绕了远路，似乎选择了一条又苦又累的路，但这才是真真切切将我们带往目的地的道路。这就是我的信念。"

为了给顾客提供品质完美的产品而不怕苦、不怕累，这种态度才是真正的商道。

1968年，稻盛先生在京瓷株式会社成立9周年庆典上（供图：稻盛资料馆）

成功和失败都是考验

对一个人而言，即便是成功，也同样是一种考验。

《成功与失败法则》（致知出版社）

如果事业失败、公司倒闭，这个人就是人生的失败者吗？我认为不是这样的。

《稻盛和夫的哲学》（PHP 研究所）

1977年，稻盛先生（图右）视察出口给苏联的成套设备（供图：稻盛资料馆）

我们时刻在接受考验

成功与失败相比，无论如何，我们都更倾向于关注成功。然而，虽然两者看似正好相反，但可以说它们是一枚硬币的两面。

对一个人来说，成功也好，失败也好，都同样是人生的考验。

在成功和失败两者当中，或许"失败是考验"更容易理解。稻盛先生说，事业失败并不代表人生失败。失败与其说是失败，不如说是对我们提高自身心性的考验。其实，人生的成功和失败，成为人生的赢家还是输家，全部取决于是否能够经受这一考验。被失败击垮，自暴自弃，甚至不惜铤而走险走上犯罪的道路，最后只能自裁谢罪，这样的人古来有之。反之，面对失败或其他类似的悲剧，不断努力，提高自己的品格乃至人格，这样的人物在历史上也不胜枚举。

譬如，被称为"创造奇迹之人"的海伦·凯勒自小背负"目不能视""耳不能闻""口不能言"三重苦难。一个人背负这种痛苦，即便怨恨父母、诅咒命运、对人生灰心绝望也毫不稀奇。

但是，海伦·凯勒并非如此。她从未怨恨过父母，也没诅咒过命运。她得到了莎莉文这一优秀的人生导师的引导，经受了考验，以自己的大爱努力帮助比自己更不幸的人们。身上的三重苦难，教会了她"利他"。像海伦·凯勒这样即便身处艰难的际遇也绝不气馁，反而培养出优秀人格的人，才是真正的胜利者。

相反，那些事业成功、被人们视为"人生赢家"的人又如何呢？许多人稍获成功，就变得骄傲自大，目空一切，陶醉在自己的名誉、财富之中，后来堕落成懈怠、傲慢不逊的人，结果得不到人们的协助与支持，成功的事业开始崩溃，在社会上失掉信誉。然而，也有人以成功为养分，提出更崇高的目标，保持谦虚，不断努力。从这个意义上讲，成功和失败都是考验。我们应该明白，在自己短短的一生中，每当成功或失败，自己的一举手一投足都在接受考验。

真正的成功者

在生命结束之前，人格品行提升了多少，只有这些才是人生的勋章。事业成功也好，获得博士学位也好，在组织内身居高位也好，其实并没有多大的价值。

《稻盛和夫的哲学》（PHP 研究所）

得到幸运和成功绝不是结果，应对这种幸运和成功的方法不同，人生的结果将迥然不同。

《稻盛和夫的哲学》（PHP 研究所）

豪爽和细致是两种截然对立的性格，在工作中，无论如何都需要兼备这两种性格且能够根据不同场景运用自如的人。

《提高心性　拓展经营》（PHP 研究所）

我认为，才能这个东西，是上天为了将集团引向幸福在人世按一定比例赋予人的资质。

《提高心性　拓展经营》（PHP 研究所）

真正的成功和失败

描写日本中世纪盛极一时的平氏家族盛衰的《平家物语》，以一段著名的话开篇："祇园精舍之钟声，奏诸行无常之音。沙罗双树之花色，表盛者必衰之道。骄者必败，恰若春宵一梦；猛者遂亡，好似风前之尘。"

"祇园精舍"是佛陀说法场所之一。据说佛陀在沙罗双树下入灭。"诸行无常"也是佛教的教义，指万事万物都是不断流动、变幻莫测的，不存在永恒不变的事物。《平家物语》以当时已在日本普及的佛教的一句教义开篇。"骄者必败"描写的是当时富贵荣华、盛极一时的平家后来走向没落的境遇。这本书在这一段著名的开篇之后，列举了中国历代君王及日本武将的事例，他们都曾荣极一时，却因为不采纳忠言、不自省吾身、不思天下太平，结果都走向灭亡。这就好比一个人通过拼命努力获得了成功，之后却躺在功劳簿上睡大觉，自高自大、不可一世，那么他的成功必不能长久，历史已经证明了这一点。

有成功经历的人必须注意。

当得到他人艳羡不已的幸运或成功时，多数人或许会觉得那是自身努力的结果，因此应该得到与此相应的酬劳，进而追求更大的成功。在现在高呼金钱万岁、欲望膨胀过头的资本主义世界，这样的"骄兵傲将"正在不断增加。

这些骄傲的人自认为获得更大的成功是理所当然的，于是追求报酬、地位、名誉等欲望进一步膨胀，很快变得傲慢不逊。

但是，一个人最初的成功真的只归功于他自己的努力吗？或许也归功于那些在他们不名一文时出资支持他们的人，或许也归功于那些和他一起朝着目标拼命努力的同事或下属。当他忘记了这些人的存在，认为一切都归功于一己之力的刹那，这个人就败给了"成功"这一考验。他忘记了支持他成功的身边人，忘记了谦虚，不再脚踏实地地努力，失掉了本来拥有的信任，最后走向衰败与没落。这才是真正的失败。

要想不陷入真正的失败，获得人生真正的成功，就应该首先将人生中的一切都视作考验，一心一意磨炼自己的人格。

稻盛先生经常提到"六项精进"（具体内容请参考第五章）。

其中第二条便是"要谦虚，不要骄傲"。这是劝诫人们在成功时不可得意忘形、傲慢自大。这一句话告诉我们，成功既是考验，也是修行。

一些排挤他人、拼命钻营的人看似成功，但是事实绝非如此。这些人正是那种陶醉于眼前的成功，骄傲自大，忘掉谦虚，最后不免"摔跟头"的人。因为不明白成功也是考验，他们最后往往落入失败的境地。

真正的成功者大多内在拥有火一般的热情和斗志，在现实中却是谦虚而内敛的。战胜了成功的考验才是真正的成功。因此，我们必须谨记"要谦虚，不要骄傲"，将其铭记于心。

1980年左右，稻盛先生在自己的办公室（供图：稻盛资料馆）

不要陷入私利私欲的陷阱

不管你有多大的能力，如果不能战胜自己，不肯努力奋斗而流于安逸，就意味着欠缺"发挥自己天赋之才"的能力。

《**活法**》（SUNMARK 出版社）

利他这一项"德行"是击破困难、召唤成功的强大原动力。

《**活法**》（SUNMARK 出版社）

不成功者缺乏韧性。当事情进展不顺利时，他们很快就会放弃。

《**提高心性　拓展经营**》（PHP 研究所）

我经常讲"在相扑台的中央交锋"这句话，意思是要把相扑台的正中当作相扑台的边缘，一开始就全力以赴。

《**提高心性　拓展经营**》（PHP 研究所）

炽烈的热情能够带来成功。但是，如果这种热情发自私利私欲，成功就难以长期持续。

《**提高心性　拓展经营**》（PHP 研究所）

磨炼心性才是真正的成功

本章介绍了稻盛哲学中关于成功与失败的内容。

这是贯穿本书乃至稻盛先生人生哲学的道理。对一个人来说，真正重要的就是持有强烈而持久的信念，基于"作为人，何谓正确"这一扎根于"道德"的原理原则，锻炼自身。说得直接一点，就是塑造优秀的人格，也就是磨炼心性。

真正的成功者绝非不断追求自身财富的人，更不是将成功归功于己、傲慢不逊、自高自大的人。这样的人迟早会因为沉溺于自己的才华而遭到严重的打击。所以，我们不能这么做，而要以"要谦虚，不要骄傲"的精神自律，只有这样的人，才是真正的成功者。而这样的人，归根到底都拥有高尚的人格和精心磨炼的心性。

下一章将介绍稻盛和夫先生关于人格及磨炼心性的思想内容。

第五章

磨炼心性

心を磨く

087

用工作磨砺心志

全神贯注于一事一业，拼命努力，持之以恒，精益求精，人在这个过程中，灵魂自然得到净化，形成其厚重的人格。

《**活法**》（SUNMARK 出版社）

人随时都能够改变

本书在前面介绍了稻盛先生的人生哲学，而其哲学的根本是锤炼人格、磨炼心性。本章想就这一本质展开思考。就像之前提到的那样，稻盛先生说过人生取决于"人生·工作的结果＝思维方式 × 热情 × 能力"这一等式。其中的"思维方式"和"人格"是一回事。换言之，稻盛先生认为一个人的人生和工作受到人格的左右。那么，人格是如何形成的呢？

人格一般形成于一个人的童年到成年期间。人们普遍认为，一个人的人格一旦形成，就不会再改变。但是，佛教反而认为人的改变是在成年以后。

从现代价值观来看，人们都相信人越年轻越容易改变。

或许，大家都认为年轻时人的可塑性很强，没有太多的束缚。但是，其实人在年轻时的大部分教育和经验都是被别人各种各样的经验模型所塑造，可以说完全是被动的。人成年后，往往因为对人生抱有疑问而产生"希望改变自身"的念头，这就是出家的本意。要想改变自身，就先要确立需要改变的那个自己，如果无法做到这一点，那么即使想要改变也无从改起。

成年以后，我们将直面年轻时不曾遇过的变故，那就是成功或失败、幸运或不幸等各种各样的事情。另外，在企业中工作，也会遇到种种过去身边不曾出现的人，而这正是磨炼自己的大好机会。

我们中间的大部分人（包括自由职业者）从成年直到退休，几乎每天都在工作。一个人一天至少三分之一的时间在职场度过。正因为人生的三分之一都在工作中度过，所以工作不应该只是获得生活食粮的手段，不应该与我们的人格形成没有关系。

人一生都在学习。

20世纪60年代，稻盛先生（台上）在京瓷的晨会上（供图：稻盛资料馆）

088

追求完美

制作"会划破手"的产品。

《**活法**》(SUNMARK 出版社)

优质的产品看上去必然是漂亮的

稻盛先生经常在研发产品之际，对员工讲述"制造划破手的产品"。

划破手的产品到底是怎样的产品呢？

这一句话原本是稻盛先生的父母常说的话。稻盛先生的父亲畩市先生从事印刷业，具备匠人气质；母亲纪美在任何困境下都保持开朗乐观，有时还会有大胆的想法。当眼前真的出现出众之物时，人们会情不自禁地生出向往及敬畏，不敢伸手触碰。"如同会划破手一般"就是形容这种让人产生既敬且爱的感觉的语言。

京瓷曾经尝试用机密陶瓷制作半导体封装，用于保护半导体芯片，起到接通电流的作用。在研究开发的过程中发生了这样一件事。这个产品对技术有极高的要求，在制作样品时耗费了大量的精力和时间，遇到了许多困难。最后样品制作完成，被送到稻盛先生面前。

研发部门的负责人认为自己的苦心得到了回报，辛苦总算没白费。但稻盛先生看了样品一眼，就觉得这不是自己追求的理想产品。稻盛先生回忆，那个产品看起来似乎"显得有点脏"。陶瓷半导体封装由精密陶瓷原料在氮氢混合的燃气中烧结而成，只要稍稍有一点脂肪之类的杂质附着，就会在烧结时出现炭化现象，产品就会呈现浅灰色。稻盛先生看到这一点点灰污，感到产品看起来有些脏。

"姑且不论性能，颜色太暗，不行。"

稻盛先生无情地对研发部门的负责人这么说，要求重做。

这是那位负责人和下属们每日拼命努力、不辞辛苦做出的样品，所以负责人没有轻易屈服。他反驳稻盛先生，产品性能没问题就行，颜色好不好看根本不必在意。

但是，稻盛先生没有接受，驳回了他的说法。因为对稻盛先生而言，这并非完美的产品。稻盛先生具备一个信念：拥有优秀性能的产品必然有出色的外表。于是，他对那位负责人说道："陶瓷本来就应该是纯白色的。它看上去应该就像伸手触碰便会被划伤一样，令人心生敬畏。外表如果都那么出色，其性能必定

是最高的。"(《干法》)

可以说,"划破手一般"这句话,包含了稻盛先生的完美主义思想。在工作上绝不妥协,在实现自己描绘的理想时锲而不舍,反复努力。这句话包含了稻盛先生的这一精神。

京瓷株式会社就是在稻盛先生这一完美主义的思想下发展壮大,成为大企业的。不论多么微小的事情,只要我们有心将事事都做到完美,那么就必将取得巨大的成功。

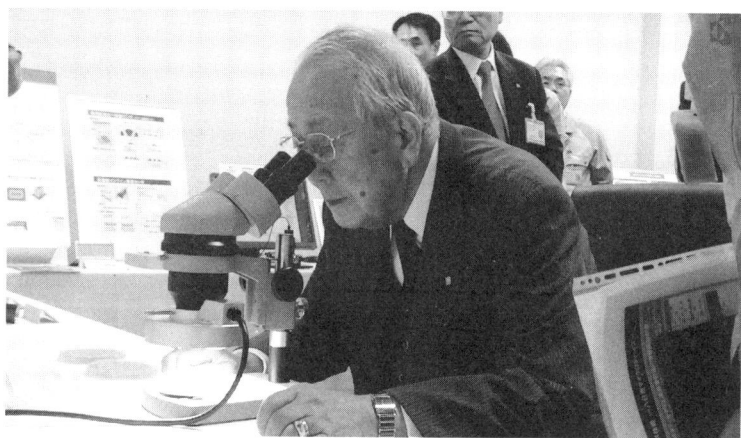

稻盛先生从年轻时就开始仔细观察产品，从不懈怠（供图：稻盛资料馆）

089

梦想的力量

不管年纪多大，我希望自己始终是一个能够不断诉说梦想，描绘未来光明前景的人。无梦之人不会有创造和成功，人格也无从成长。

《**活法**》(SUNMARK 出版社)

稻盛先生在福井东寻坊歇脚（供图：稻盛资料馆）

将偶然变成必然

上一节介绍了稻盛先生追求完美、制作"划破手的产品"的故事。然而，人格成长是通过追求理想和梦想而实现的，这么说也不为过。

理想和梦想并不是画饼充饥。正如本书前面所阐述的，需要进行具体想象、透彻思考，直到看见，才能追求理想，向着实现梦想的道路前进。

"机缘"一词曾流行一时，用于形容科学发现和艺术创作上的"偶然"发现。我们常常听到类似的故事：许多做出天才成绩的物理学家往往通过日常生活的偶然现象而被激发灵感，从而做出历史性的重大发现。像这样偶然的发现，在欧美被称为"机缘"，而在日本则由精神科医生中井久夫先生命名为"征兆之知"。

但是，稻盛先生说，这些激发灵感的意外绝非偶然。

譬如，牛顿看见苹果从树上掉下来，于是开始思考：为什么苹果会掉下来，而空中的月亮却不会掉下来？结果发现了万有引力。但是，牛顿并不是第一个看到苹果从树上掉下来的人。知道月亮浮在空中而不落在地上的，也不乏其人。尽管如此，唯独牛顿从这两个现象中发现了万有引力的存在，这正是因为他平时就具备常人没有的问题意识。因为牛顿平时不断思考宇宙及天体问题，其问题意识十分强烈，已渗入到潜意识中。唯有平时进行这种锻炼的人，才会拥有这些如同神之启示一般的机缘降临的瞬间。

从这个意义上说，机缘绝非偶然。正是因为有了日常的训练，才有"必然"的发现，这么说也不为过。追求梦想和理想，就是在平时为了实现目标而行动、努力。

在这些行动和努力中，就蕴藏着将偶然变成必然的力量。

为员工而存在的企业

京瓷的经营理念是"在追求全体员工物质和精神两方面的幸福的同时，为人类、社会的进步发展做贡献"。

先为人，后为己。有时即使自我牺牲，也要为他人尽力。

要具备一对虚心聆听他人意见的大耳朵，具备一双真诚审视自己的大眼睛，耳聪目明，随时充分发挥耳朵、眼睛的作用。

人生是一出戏，我们每个人都是戏里的主角。

《**活法**》（SUMMARK 出版社）

追求物质和精神两方面的幸福

　　稻盛先生在 1959 年创办京瓷时，目的是"让自己的精密陶瓷技术发扬光大"。而和他一起全力以赴创业的同伴据说也纷纷赞成这个目的，甚至不惜说："我们聚在一起，是为了让稻盛和夫的精密陶瓷技术发扬光大，万一不顺利的话，我们宁愿去打临时工筹措研发费用。"京瓷诞生的目的原本是"让稻盛和夫的技术发扬光大"这一利己的思想，但创业后雇用的员工们和创业时的成员相比，心态已发生变化。他们工作的第一目的是为了生活，京瓷成立当初的企业目的对他们已经毫无激励的作用。因此，需要确立全体员工发自内心接受的、能够共有的企业目的。换句话说，为了让全体员工有强烈的动力，团结一致，就需要制定他们理解并且发自内心愿意共有的、京瓷自己的企业理念。

　　因此，稻盛先生将"追求全体员工物质和精神两方面的幸福"放在企业目的的第一位。这句话明确了企业将"守护员工"作为第一要义的姿态。稻盛先生原本创办企业的目的是让自己的技术发扬光大,因此,不难想象,这个新的企业目的对他而言是一个巨大的转折点。

"物质和精神两方面",指的是人只有物质上的富足是无法获得幸福的,这一思想也是稻盛先生哲学的反映。今天的现代文明在实现现代化以来,虽然构筑了高度物质文明,但不难想象,对物质满足的追求将把人们不断引入欲壑难填的世界。结果导致今天全世界发生环境破坏以及随之而来的气候变化等危急态势。真正的幸福绝对不仅是物质幸福,还指精神上的富足。而只有物质和精神两方面都达到满足,即追求物心一如的状态,对人类而言才是真正的幸福。

这样的态度不仅引出了理念的后半部分"为人类、社会的进步发展做贡献",还浓墨重彩地反映在从 1985 年起设立的京都奖上。京都奖是为了表彰那些为尖端科技、基础科学及思想艺术等领域的发展做出贡献的人。如果只是讴歌物质文明,那么京都奖只需设立尖端科技和基础科学就已足够,但是京都奖还设有思想艺术奖项。从中可见稻盛先生不仅重视发展物质文明,还重视发展精神文明中的"物心一如"的思想。

科学技术的发展日新月异，如今，超越人类能力的 AI（人工智能）已经诞生。但是，与科学技术发展相比，人类精神文明的深化又进展得如何呢？

因对物质文明的膨胀感到恐惧而制作了《风之谷》《幽灵公主》等动画电影的宫崎骏导演，在一次电视采访中，针对今天人们对包括人工智能在内的科学技术的依赖风潮，说道："人类正在失去自信。"

科学技术的发展，的确给我们的生活带来了巨大的改变。可以说，人类的物质幸福指数的确得到了提高。但是，正是追求物质幸福的无止境的欲望导致了今日的地球危机。能控制这一事态的，只有人格、精神等心灵范畴的因素。人类不仅应该追求物质幸福，还应该追求高尚的人格和精神，即心灵的幸福。只有两者平衡发展，人类才能持续繁荣。

京都奖授奖仪式，每年11月10日，在金秋的京都颁发京都奖（供图：稻盛财团）

094

以读书耕耘心田

为了提升自己就要读书，希望大家都能认真地读好书。

《**提高心性　拓展经营**》（PHP 研究所）

读书塑造精神骨骼

稻盛先生经常在自己的著作中引用中国的古代经典，以阐述自身的观点。过去日本人曾十分喜爱读书，喜欢读东方哲学，尤其是中国古代经典中的宝贵文化。但是，在出版业日渐萧条的今天，据文部科学省调查显示，整个日本国民的每日读书小时数大为减少。尤其是年轻一代，无论什么都只读一读网上的简单报道了事。买一本书，并认认真真地将它从头读到尾，一个角落也不放过——有这种阅读体验的人或许已经极为稀少了。

稻盛先生为了提升自我，提倡认真地读好书。

他无论工作多忙，都见缝插针，在工作的间隙读书。不管夜里多晚，哪怕是在和客户喝完酒之后，他回到家也一定会读书。他的枕边堆着许多哲学或中国古代经典的书籍，每日睡前他必定要读上几页。

许多人觉得没有时间读书。但是，只要充分利用每天的时间，我们会意外地发现能挤出不少读书的时间。哪怕只读上短短几分钟，我们也能体会到心灵被打动的感觉。

通过读书，我们能够获得有别于平日生活所得的经验和知识。没有去过的国度，没有听过的语言，2000 年以前的岁月……从历史书籍中我们能得到各种各样的前车之鉴。另外，在平日的实践所带来的体验之外，读书还能提供知识补充，有帮助梳理个人经验的效果。

一般而言，读书可以说是一种文化行为。文化在英文中写作"culture"，这一单词的词源来自拉丁语的"colere"，原本是"耕耘土地"的意思，后来引申为"耕耘心灵"。

英国思想家詹姆斯·艾伦将人的心灵比喻为庭园。自己的庭园是杂草丛生，还是开满了各种各样美丽的花朵，全部取决于对庭园的呵护与修整。既然文化的词源是"耕耘心灵"，那么读书也可以说是养护人类心灵的方法。

每个人所能体验的事情有限，但是书籍是知识的宝库，它反映了古今东西不同人们的各种不同的生活方式。通过书籍，我们能够体验别人的经历，将其转化为自己的经验。

第二位获得诺贝尔文学奖的日本人大江健三郎曾经在个人出

稻盛先生将"敬天爱人"作为京瓷社训，时刻将其放在心间（供图：稻盛资料馆）

版的诗集中写道："我无法重活一次，但我们可以。"大江先生认为，一个人无法"重活一次"，即无法改变人生，但是因为其他人的存在，"我们"能重活一次，甚至能改变"我"。从以"书痴"闻名的大江先生的话语中，可以知道他通过读书不断了解他人，改变自身。也就是说，他通过耕耘心灵，实现了持续的创作。

通过读书，我们的确能够反省自身，和过去的伟人们共同创造出自己别样的人生。

095

感动之心

只有伴随着感动，才能得到对方由衷的理解。

《**提高心性　拓展经营**》(PHP 研究所)

"跑啊！"稻盛先生在西京极总合运动公园陆上竞技场，热情地给京都不死鸟足球队加油（供图：稻盛资料馆）

巨大的感动催生美好的事业

本章讲述的是为了磨炼心性，就必须精进，要实现这一点，重在持之以恒地、拼命努力地工作。尽管如此，这并不是说在企业中工作的人们就必须一直过着苦行僧一般艰苦修行的日子。如果带给人们的只有艰苦，任何事都是无法长久的。因此，要想坚持某个事业，取得某项成就，喜悦和感动就必不可少，它们是工作的原动力。

如果仅仅出于发大财、住豪宅之类的物质原因，人很难产生持续的积极性。

日本艺术家的代表人物冈本太郎在其画家生涯之初，曾被日本画坛讥讽为"色盲"，过着不为人们所理解的日子。他的画大多使用强烈的原色，以抽象艺术般清晰的线条描绘，在当时现代艺术落后的日本得不到好评。

但是，冈本太郎从未放弃。相反，人们越不理解他，越评论他的画"不舒服""看不懂"，他越坚定地持续创作。

他参加抽象艺术运动的动机来自一次巨大的感动。他离开家庭，移居巴黎时，看到过 20 世纪的近代艺术巨匠巴勃罗·毕加索的画，当时大为震撼。因为太过激动，他走出画展会场后，在回家的公共汽车上忍不住流下了眼泪。这份感动压倒了一切，促使他下定决心："我要超越毕加索。"

后来，不管遭受怎样的诽谤中伤，他都以超越毕加索为目标，坚持创作。当时，理解毕加索的真正价值，并企图超越他的日本艺术家唯有冈本太郎一人。压倒性的感动产生于深刻的理解。与此同时，能够体验这份对他人的深刻感动的人，一定会努力向他人传达自己的感动，从而获得某种成就。

从这个意义上看，感动是一种原动力，它带给人难以形容的充实感的同时，还能激发人产生额外的行动。当感动在一个人的内心洋溢时，他将拥有影响他人的力量——从冈本太郎对毕加索的感动中，我们不由得得出这样的结论。

096

"能行"的自信

只有在还没做的阶段就怀有了"能行"的自信，才能叫作"看见结果"。

《提高心性　拓展经营》（PHP 研究所）

想象至"看见"

稻盛先生亲自挂帅，向全新通信领域进军（成立第二电电）时，单是前期投入就需要 1000 亿日元，周围的人都觉得这是一项风险极高的事业。其实，在董事会上也有人对此提出"慎重行事"的意见。

原来，这个事业的起步来自稻盛先生个人的强烈愿望。他认为，由于电电公社（现 NTT）的垄断，日本国民不得不支付高额电话费，他希望改变这种状况。当时，京瓷的利润积累有 1500 亿日元。他想，万一失败还能剩下 500 亿日元，于是他开始迈出脚步。在那段时间，他每天都十分烦恼，反复自我审视是否存在私心，最后终于下定了决心。

当长途通信事业走上轨道，接着打算开始移动通信事业时，稻盛先生向当时的通商产业省提交了申请。当时的移动通信其实就是现在的手机，手机在今天已经随处可见，但从系统到使用方法、费用体系，在当时日本一无前例、二无经验，完全是在黑夜中摸索的状态。

但是，稻盛先生不一样。在一无所知的时期，他就提出了和现在费用相同的条件，说"收费体系应该是这样"。

稻盛先生看见了。就像前面所说，他清晰地在脑中看到了"随时随地，人人使用"的手机通信时代，看到了无论是孩子还是老人都拥有手机号码的时代来临的画面。而且，这一切不仅是一幅画，手机以什么速度、方式普及，以及其价格、尺寸大小，他都在事前清晰地"看到"了。

这是因为他通过亲自从事半导体零部件事业，对技术革新速度及成本的变化拥有丰富经验，所以能做出预测。但是，稻盛先生不仅看清了这些，还清晰地"看见"了通信收费体系。

一位干部将稻盛先生所说的收费体系记录了下来，在手机事业起步后，他再回顾这个记录，发现当时的记录与实际的收费体系几乎一模一样。

"为什么他能看得那么清楚？在对成本价一无所知的情况下，他为什么能说出那样的结果？"那位干部十分惊讶。

稻盛先生加入通信事业，其根本动机是"想为不得不支付高

稻盛先生在京瓷工厂的恳亲会上激励员工（供图：稻盛资料馆）

额电话费的国民做些什么"这一大义。

于是，为了实现这一大义，他首先彻底想象，直至看清每一个细节。只要做到这一步，事业就必定顺利。

稻盛先生在演讲中这样讲道："只要思善行善，就能心想事成，甚至达到自己难以想象的地步。"

我们扪心自问是否"动机至善"，只要坚信自己的动机是善的，并认真细致地想象，直到眼前出现"画面"，这是成就事业极为重要的因素。

公平无私的精神

调动人积极性的原动力只有一个，就是公平无私。

《**提高心性　拓展经营**》（PHP 研究所）

如果说日本人还无法感受到富足，究其根源，是因为日本陷入了贫瘠的、令自身无法感受富足的精神构造之中。

《**成功与失败法则**》（致知出版社）

利他与商业

山中伸弥先生是诱导性多能干细胞（iPS cells）的研发者，也是诺贝尔奖及京都奖获得者。在与他的对话中，稻盛先生这么说道："可以说，京瓷是从滋贺工厂起家的。在滋贺，近江商人有'三方好'的商业原则。那就是'买方好、卖方好、社会好'。我认为商业的精髓就是这样各方皆好的平衡状态。"（稻盛和夫、山中伸弥《匠人匠心：愚直的坚持》，朝日新闻出版社）

京瓷在 20 世纪 90 年代收购了美国电子零部件的代表企业 AVX 公司。当时 AVX 公司的股价为每股 20 美元左右，但稻盛先生提出用高于市价 50% 的价格——30 美元收购，对方也接受了这个建议。然而，在收购即将谈成之时，对方提出"希望以更高价格收购股票"的要求。

京瓷的律师和董事们都强烈反对，但稻盛先生说："如果不让对方高兴，就没有任何意义。"他说服了律师和董事们，和对方签下了协议。

乍看京瓷似乎吃了大亏，但实际并非如此。AVX 的工厂总部在美国南卡罗来纳州，这里是美国著名的保守州，在第二次世界大战后，在对日关系上也并没有什么善意。

但是，收购该公司后，稻盛先生曾去访问，员工们准备了"欢迎"的横幅，全体出动，热烈欢迎，因为 AVX 的经营者们告诉员工"京瓷是一家厚道的公司"。在这一友好关系的基础上，后来这家公司业绩提升，发展壮大，重新在纽约证券交易所上市。

国家不同，语言和习惯也各不相同，在工作上经常会出现各种意见相左的情况。因此，在国外经营企业时，必须思考"如何治人"。

提起治人，或许给人"用权力强行压制，逼人服从"的印象。事实上，回顾历史，可能确实也不乏用力量压制其他民族的事例。但是，稻盛先生认为，绝不能用这种做法。不能以力量进行统治，而要用人格，即人的品德，赢得对方的信赖与尊敬，从而达到治人的目的。

那么，怎么做才能赢得语言与文化都截然不同的外国人的信赖和尊敬呢？稻盛先生说，必不可少的是"高尚的人格"。外国的人们超越语言和生活习惯的障碍，表达对一个人的尊敬，这就是这个人具备了特别优秀的人格的佐证。这是因为，这个人具备了做人应有的、具有普遍性的德行。

人的道德是超越国界的，与文化、语言无关，具备普遍性，是放之四海皆准的准则。譬如，如果不能基于像"公平无私"这样具有普遍性的道德来"治人"的话，国外的企业治理首先就会变得寸步难行。

21世纪的今天，越来越多的场景需要用到全球化经营。就像一个人拥有人格一样，企业拥有"企业品格"。日本企业今后是否能发展壮大，取决于国外企业的领导者和员工是否对日本总部抱持信赖和尊敬的态度。而这又取决于这家企业的"企业品格"是否足够高远深刻，以至于能够超越种族、语言、历史及文化的障碍，普遍性地打动世界各地的人们的心灵。

鹿儿岛市，稻盛先生在其敬仰的西乡隆盛的铜像前（摄影：菅野胜男）

099

自由也会成为恶

有时，人会为了自己的自由，在不知不觉中对他人作恶。

《*稻盛和夫的哲学*》（PHP 研究所）

稻盛先生在化缘结束后感谢布施（摄影：菅野胜男）

烦恼与自由

为什么我们要特别培养自己的利他意识呢？有的人持人性本恶论，认为人的本性是恶的，必须刻意持有善的意识。人性本恶还是本善，自古以来就众说纷纭，稻盛先生的说法是"人的本性既非善也非恶"。

佛教认为拥有血肉之躯的人类有六大烦恼，这六大烦恼被称为"贪""嗔""痴""慢""疑""见"。"贪"指的是贪婪之心，是什么都想据为己有的欲望。"嗔"指的是任性妄为、对周围的人随意发火、生气的浅薄之心。"痴"指的是一旦事情不遂己愿，便不平不满的牢骚之心。"慢"指的是傲慢不逊的傲慢心。"疑"指的是对释迦佛祖所说真理持怀疑的态度。而"见"则被称为"恶见"，指总是从坏的角度看待事物的心。只要人还活着，就存在这六大烦恼，否则就无法维持肉身。烦恼本是天赋，是用以维持血肉之躯的智慧，但稻盛先生说，一旦在这些烦恼上加上"自由"，就会滋生出"恶"。

譬如，如今报道中出现了轰动社会的未成年人犯罪。这些未成年的孩子的双手之所以犯下性质恶劣的罪行，难道不是来自他们放纵自由、恣意妄行的现实吗？这也是第二次世界大战后日本一直在教育中推崇"自由"的结果。

近年来，社会基于"尊重孩子的自主性"这一方针推行教育。但是，在孩子还没有形成自主判断的幼儿园时期，就强调尊重自我、放任自流，这无异于在培养不顾他人、处处以满足自身欲望为先的任性孩子，结果只会培养出永远不懂抑制个人欲望的年轻人。

正因为欲望等同于烦恼，不能简单地说其是善还是恶，但欲望加上自由便会成为恶。所以，我们需要克制自己的欲望烦恼。

100—101

勤奋能磨炼心性、塑造人格

大家一齐努力工作，这就能够塑造心灵，就能够造就品格高尚的人。

《稻盛和夫的哲学》(PHP 研究所)

知识广而浅，等于什么都不懂。只有一门深入、探究到底，才能一通百通。

《提高心性　拓展经营》(PHP 研究所)

专心致志，一门深入

日本人的勤奋曾经在全世界享有盛名。

譬如，第二次世界大战后，驻日盟军总司令麦克阿瑟在远东会议上，据说曾就日本人的劳动观发表讲话。他认为，日本人拥有"劳动的尊严"，觉得劳作比玩乐更加幸福。

日本人拥有的这种倡导勤奋的传统价值观，在第二次世界大战后支撑了战后复兴和日本经济高速成长，引领日本再次成为足以与世界各国竞争的经济大国。可以说，过去的日本人并不将劳动仅仅当作获得物质报酬的手段，而是深刻理解劳动是磨炼心性和人格的一种修行。带领日本实现了高度经济发展，提出日本列岛改造论的稀世政治家田中角荣年轻时曾从新潟到东京旅行，他将当时母亲叮嘱他的话奉为一生的金科玉律，其中有这样的一条："人是需要休息的，要么先休息再工作，要么先工作再休息。

请先工作再休息。"从这句话中可见当时日本人的勤奋精神。

另外，勤奋代表着全心全意地投入工作。当年轻的应届毕业生进入企业，一般从事的都是单调乏味的工作。他们往往感到不安："一直做这种单调的工作没问题吗？"于是往往会提出："让我干些其他的工作吧。"

但是，看见什么都要伸手，这并不是勤奋的表现。

知识广而浅，无异于什么都没有学。与其如此，不如彻底干好一件事，从而把握事物的真理，而这也将增强当事人的自信。

稻盛先生也是这样。据说，在步入社会后不久，他也是和高中毕业的年轻优秀助手们一起，从早到晚，不断将粉末凝固、成形。他的工作说起来是精密陶瓷的研发，但实际上，每天都是和粉末打交道，弄得满身泥粉，无异于体力劳动者。想不到大学毕业生竟然从事了一份"脏兮兮的职业"，据说他也曾怅然若失。但是，转念一想，如果厌恶这份所谓的"肮脏工作"，就会一事无成。而且，如果自己在工作中带有这种态度，助手们的工作积极性也会受挫。

于是，他对助手们这样说道："任何一个大学教授都要在研究中弄得浑身粉末。我们现在从事的是东京大学、京都大学都无法从事的高端研发。如果不实践，就无法懂得精密陶瓷的本质。像这样朴实无华的研究才是真正的学问，是为社会输送出色产品不可缺少的环节。"这其实也是他在说给自己听的。(《坚守底线》)

一个人如果过度关注眼前的痛苦和困难，最后终将失去自豪感。相反，不论多么痛苦，只要明白自己工作的意义，倾注热情，并最终实现目标，这个体验就会变成人生的养分，给人带来自信。对一个人的一生而言，没有什么比这更加精彩的了。

假如你对从事的工作或身处的环境不满，而将目光转移到其他工作或新的环境，那么请扪心自问，自己是否真的全神贯注地投入到了现在的工作中？是否已经穷尽了一切努力？我们应该明白，如果一个人不曾好好地把一件事干到最后并达成目标，他就应该知道，自己将很难在人生中获得丰硕的回报。

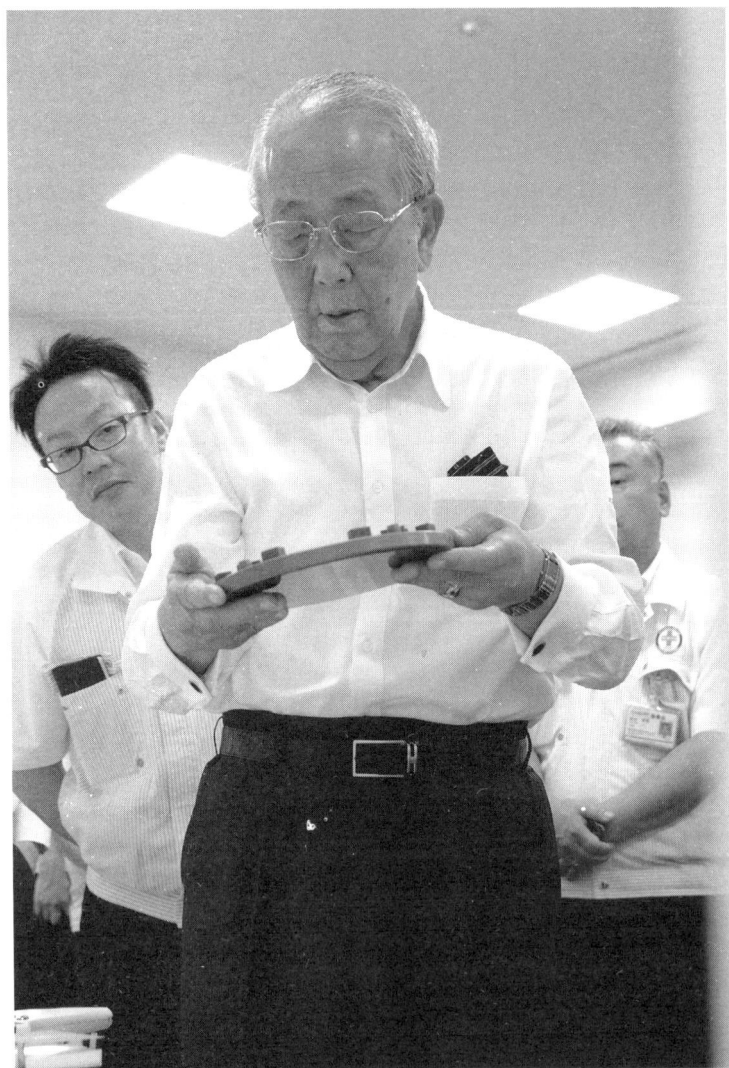

稻盛先生在视察工厂，仔细检视产品（供图：稻盛资料馆）

102

在工作中追求完美

必须把追求完美作为日常工作的习惯。

《**提高心性　拓展经营**》(PHP 研究所)

不是最好，而是完美

稻盛先生经常在工作中追求完美。

譬如，事务人员常常有将工作完成到九成的习惯。因为他们觉得，即使出现错误，只要用橡皮擦掉就可以了。但是，在研发、制造产品的现场，是不允许有这样的思想的。在精密陶瓷领域，粉状金属氧化物原料被混合后放入模型，然后冲压成形，再放进高温炉烧结。取出后要对其进行研磨，对表面进行金属加工。从原料到成品的数个工序，都需要精细的技术。

举个例子，哪怕99%都是顺利的，只要最后的1%失败了，一切努力都会付之东流，而这样的事屡见不鲜。

因为在最后的1%懈怠了，产生不良品，导致材料费、加工费、电费等所有经费以及一直以来所倾注的时间和努力全部白费。这不仅对公司内部、对合作企业，甚至对整个社会都会产生影响。

所以，必须将眼前的每一项工作都做到最后，直至彻底做好。

那是京瓷创立 20 年左右，一天，一位跨国企业的社长来到日本拜访稻盛先生。他是一位法国人，虽然所处行业和京瓷不同，但他十分希望和稻盛先生讨论一下经营哲学。虽是初次见面，但他和稻盛先生趣味相投，一见如故，后来两人又在美国再次见面，热烈地讨论经营哲学。

当时，那位法国社长说"我们公司的宗旨是做到最好"。对他的这句话，稻盛先生表示了认同，同时阐述了自己的见解："'最好'这个词是指和别的东西比较，做到最好，也就是在相对关系中产生的价值观。因此，哪怕水平很低，也存在最好。但我们京瓷追求的不是最好，而是完美。完美和最好不同，它是绝对的，不是和别人比较得来的，而是拥有完整的价值，不管别人做到什么程度，都不存在超越完美的事物。"（《干法》）

完美主义是稻盛先生的理想，也是他的实践。这个"完美"不是"更好"，而是"无法超越"。

为了实现完美，从开始到最后都要时刻保持神经紧绷，对无

稻盛先生与人谈笑（摄影：小畑章）

论多么细微的事都必须能集中精力，也就是要具备"有意注意"的精神。以"有意注意"的心态从事工作虽然十分困难，但只要平时持续锻炼，就会养成习惯，渐渐也就会不觉得辛苦。

当然，人要把事情做到完美是十分困难的。无论多么小心，总会出现人为的失误。尽管如此，也不能放弃追求完美。

整个第五章所介绍的稻盛哲学告诉我们的是，日复一日坚持努力的重要性。没有人一开始就是完美的，请各位务必将本书中列举的稻盛先生的话语和教导放在心中，重视日复一日的努力。为此，在最后的部分，想为各位介绍一下"六项精进"。

六项精进

付出不亚于任何人的努力。

要谦虚，不要骄傲。

要每天反省。

活着就要感谢。

积善行，思利他。

不要有感性的烦恼。

《六项精进》(SUNMARK 出版社)

度过美好人生的六项教诲

　　稻盛先生经常说，人生的终极目的就是磨炼心灵乃至灵魂，并建议每天都要实践"六项精进"。他说这是作为人度过美好人生的最低限度的条件。

　　在本书接近尾声时，让我们像稻盛先生那样，一条条地解说"六项精进"的内容。

　　第一条是"付出不亚于任何人的努力"。这被放在了第一条，原因是人生最重要的就是"付出不亚于任何人的努力"。如果希望度过精彩的人生，将企业经营得有声有色，就必须付出不亚于任何人的努力，拼命工作。我们首先要明白，如果没有这一条，人生就不可能成功。

　　第二条是"要谦虚，不要骄傲"。这里的谦虚，不仅针对那些成功后自高自大的人，同时指明了"即便是小企业主，也必须在人生中从始至终保持谦虚的态度"。中国的古代经典《阴骘录》中有"惟谦受福"之语，所有获得幸福的人都是谦虚的。公司发展顺利，不断成功，人就容易变得不可一世，露出傲慢和利己的嘴脸。这时请务必回忆起"惟谦受福"这句话。

第三条是"要每天反省"。抑制自身的恶念和利己心，让心中善的部分不断发芽长大，这就是"反省"。尽可能地对自己日常的言行进行反省和改正，只有每天反省，人格才会得到锻炼，心灵才会得到磨砺。

第四条是"活着就要感谢"。人不能独自存活于世，这是显而易见的道理。在所有的动物中，人类花在繁育上的时间是最长的。因此，我们从小就得到父母、兄弟姐妹及朋友的帮助。长大成人、步入社会后，我们在职场中也能得到上司或下属等各种各样的人的支持。而且，我们的生命之所以能维持，靠的是这个地球上的森罗万象。当我们这样思考时，就会不由自主地对自己健康活着的这一事实涌现出感谢之心。说得确切一点，是因为被赋予了生命，我们才能活着，如果能拥有一颗因此而产生感谢、因此而感受到幸福的心灵，人生就会变得富足、滋润和美好。

第五条是"积善行，思利他"。只要能对"自己被赋予了生命"这一事实产生感谢，就自然能以善良和关爱之心待人。这种利他的努力是极其重要的。《易经》有云："积善之家，必有余庆。"意思是积累善行，即利他之行的人家，一定会有好报。就像这样，你付出的善将会形成循环，最后回归到你自己身上。

第六条是"不要有感性的烦恼"。事业失败时，人难免闷闷不乐，忧郁烦恼。在现在的日本，因为烦恼而导致精神疾病的人不在少数。但是，就像成语"覆水难收"一般，既成的事实不可能改变。与其一味地懊悔、烦恼，还不如思考失败的原因，下定决心不再犯相同的错误，朝着新的事物迈进，这才更为重要。

只要每日贯彻这六项教诲，我们就一定能度过美好人生。

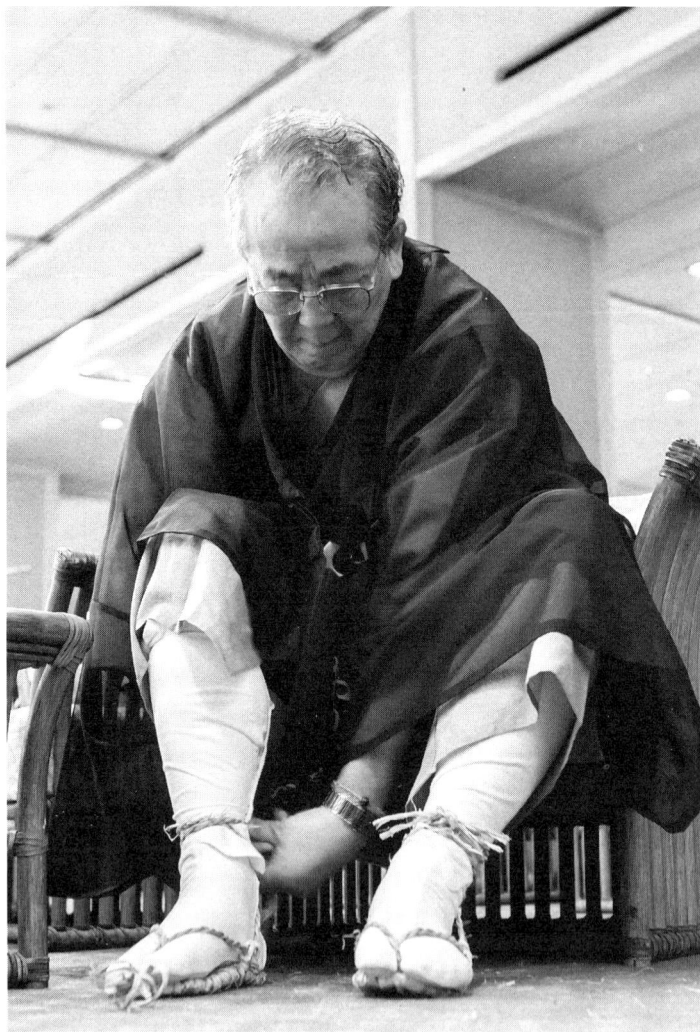

稻盛先生在全国各地化缘、街头说法，将钱募捐给当地（摄影：菅野胜男）

参考文献

稻盛和夫著：《活法》，SUNMARK 出版社 2014 年版。

稻盛和夫著：《京瓷哲学》，SUNMARK 出版社 2014 年版

稻盛和夫著：《六项精进》，SUNMARK 出版社 2010 年版。

稻盛和夫著：《思维方式》，大和书房 2017 年版。

稻盛和夫著：《干法》，三笠书房 2016 年版。

稻盛和夫著：《阿米巴经营》，日本经济新闻社 2006 年版。

稻盛和夫著：《稻盛和夫的实学：经营和会计》，日本经济新闻社 1998 年版。

稻盛和夫著：《稻盛和夫自传》，日本经济新闻社 2002 年版。

稻盛和夫著：《稻盛和夫的哲学》，PHP 研究所 2003 年版。

稻盛和夫著：《成功激情》，PHP 研究所 2001 年版。

稻盛和夫著：《提高心性　拓展经营》，PHP 研究所 2004 年版。

稻盛和夫著：《新版敬天爱人：从零开始的挑战》，PHP 研究

所 2012 年版。

稻盛和夫著:《追求具备梦想与志向的社会》,PHP 研究所 1998 年版。

稻盛和夫著:《人生的王道——学习西乡南洲的教诲》,日经 BP 社 2007 年版。

稻盛和夫著:《母亲的教诲改变我的一生》,小学馆 2015 年版。

稻盛和夫著:《成功与失败法则》,致知出版社 2008 年版。

稻盛和夫著:《坚守底线》,NHK 出版社 2010 年版。

稻盛和夫著:《燃烧的斗魂》,每日新闻出版社 2016 年版。

稻盛和夫著,鹿儿岛大学稻盛学院编:《活力》,President 出版社 2017 年版。

稻盛和夫、山中伸弥著:《匠人匠心:愚直的坚持》,朝日新闻出版社 2014 年版。

稻盛和夫、梅原猛著:《拯救人类的哲学》,PHP 研究所 2008 年版。

稻盛和夫、濑户内寂听著:《利他》,小学馆 2014 年版。

安德列·勒鲁瓦－古昂著:《行为与语言》,荒木亨译,筑摩书房 2012 年版。

吉田全作著：《吉田牧场——牛、大地与奶酪的 25 年》，
WANIBOOKS 2010 年版。

大江健三郎著：《定义集》，朝日新闻出版社 2012 年版。

大江健三郎著：《读书人》，集英社 2011 年版。

佐佐木闲著：《向佛陀学习彻底的执行力》，宝岛社 2017
年版。

稻盛和夫

1932 年出生于鹿儿岛市。1955 年于鹿儿岛大学工学部毕业后，在京都的绝缘碍子制造商松风工业就职。1959 年 4 月，斥资 300 万日元成立京都陶瓷株式会社（现京瓷株式会社），历任社长、会长，于 1997 年担任名誉会长。同时，于 1984 年在电气通信市场化之际，成立第二电电公司，担任会长。2000 年 10 月，DDI、KDD、IDO 合并，KDDI 株式会社成立，担任名誉会长。2001 年 6 月起担任最高顾问。2010 年 2 月起，担任日本航空（JAL，现日本航空株式会社）会长，历任董事会主席兼会长，2013 年 4 月任名誉会长，2015 年 4 月任名誉顾问。另外，1984 年用个人资产成立稻盛财团，担任理事长。同时创立国际奖项"京都奖"，每年 11 月表彰为人类社会进步发展做出功绩的人。担任有 1 万多名学员的盛和塾塾长，向全世界年轻企业家讲解经营，为培养企业家倾注了心血。著有《活法》《京瓷哲学》《干法》《思维方式》等多本书籍。

稻盛资料馆

2013 年开设于日本京都市伏见区的京瓷总部隔壁，作为稻盛和夫人生哲学、经营哲学的传承机构。除收藏、管理稻盛和夫的资料之外，还应社会邀请，从事出版支持活动，以及提供网络信息。

同时，作为对公众开放的展览馆，稻盛资料馆以稻盛和夫的人生及经营哲学为基础，介绍了其足迹及各种社会活动。日本人自不必说，许多来自世界各地的企业家、管理者及学生等也都前来参观访问。

·稻盛资料馆：https://www.kyocera.co.jp/company/csr/facility/inamori-library/